ALFONSO RUIZ DE AGUIRRE

MORFOLOGÍA PARA MORFÓFOBOS

CON MUCHOS EJERCICIOS TOTALMENTE RESUELTOS, PARA SOBREVIVIR A LA EDUCACIÓN SECUNDARIA, OBLIGATORIA O NO

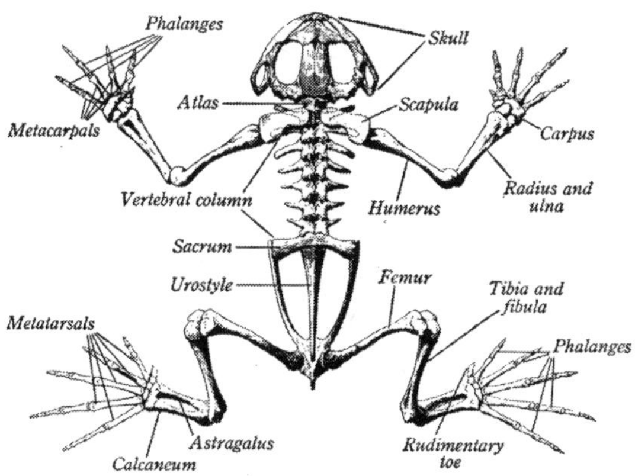

FIG. 400. *Skeleton of Frog.* Modified, after Jammes

SEGUNDA EDICIÓN, CORREGIDA Y REMAQUETADA
SEPTIEMBRE DE 2017

Este libro va dedicado a muchas personas, porque los logros rara vez nos pertenecen en exclusiva y, vista la aceptación que ha tenido, ciertamente ha sido un logro.

A Juani, que pagó con tiempo y dedicación el tiempo y la dedicación que yo brindaba al libro.

A Alfonso, Carmen e Isabel, que me dieron buenas razones para vivir.

A mis alumnos, que me dieron buenas razones para escribirlo.

A los miembros del grupo de Facebook Sintaxis por Alfonso Ruiz de Aguirre, *de quienes tanto aprendo cada día. Muy especialmente está dedicado a su equipo de administradores.*

A María José Alcarria, que me ayudó con sus correcciones.

A Héctor Monacci, que lo maquetó con tanto entusiasmo como esmero. A Carolina Monacci.

A quienes veis mis vídeos en Youtube.

A quienes pensáis que la Sintaxis y la Morfología son algo más que unas materias áridas que solo sirven para que unos cuantos se ganen la vida enseñándolas.

Gracias a todos vosotros.

Índice general

1. Clases de palabras o categorías **5**

1.1. La morfología y las clases de palabras 5
1.2. Palabras variables 5
1.2.1. Nombres 5
1.2.2. Adjetivos 6
1.2.3. Determinantes 7
1.2.4. Pronombres 8
1.2.5. Verbos 9
1.3. Palabras invariables 9
1.3.1. Preposiciones 9
1.3.2. Conjunciones 10
1.3.3. Adverbios 10
1.3.4. Interjecciones 10
1.4. Palabras que pueden pertenecer a varias categorías 10
1.5. Ejercicios 11

2. Locuciones y perífrasis **15**

2.1. Locuciones 15
2.2. Compuestos propios y compuestos sintagmáticos 16
2.3. Perífrasis verbales 16
2.4. Ejercicios 18

3. Los monemas y su clasificación **21**

3.1. Clasificación de los monemas 21
3.2. Segmentación del verbo 23
3.3. Ejercicios 24

4. Formación de palabras: derivación **25**

4.1. Conceptos básicos para la formación de palabras 25
4.2. La derivación del nombre 26
4.2.1. Nombres de acción y efecto 26
4.2.2. Nombres de cualidad, estado y condición 27
4.2.3. Nombres de persona agente, instrumento y lugar . 27
4.2.4. Nombres de conjunto, lugar y tiempo 27
4.3. La derivación del adjetivo 28
4.3.1. Sufijos para formar adjetivos según la palabra de la que estos se derivan 28

4.3.2. Sufijos para formar adjetivos calificativos y relacionales 28
4.4. La derivación del adverbio 29
4.5. La derivación del verbo 29
4.6. La derivación apreciativa 30
4.7. Prefijación 31
4.8. Ejercicios 31

5. Formación de palabras: composición **33**
5.1. Fundamentos de la composición 33
5.2. Principales elementos compositivos 34
5.3. Ejercicios 38

6. Otros procedimientos de formación de palabras **39**
6.1. Parasíntesis 39
6.2. Siglas y acrónimos 40
6.3. Acortamientos y abreviaturas 40
6.4. Extranjerismos 40
6.5. Onomatopeya 41
6.6. Ejercicios 41

7. Análisis morfológico **43**
7.1. El análisis morfológico sincrónico 43
7.2. Ejemplos 44
7.3. Ejercicios 47

8. Soluciones **49**
8.1. Clases de palabras o categorías 49
8.2. Perífrasis y locuciones 52
8.3. Los monemas y su clasificación 55
8.4. Formación de palabras: derivación 56
8.5. Formación de palabras: composición 58
8.6. Otros procedimientos de formación de palabras 60
8.7. Análisis morfológico 61

I

Clases de palabras o categorías

1.1 *La morfología y las clases de palabras*

La morfología es la parte de la gramática que se ocupa de las palabras. Estudia su estructura, su forma, sus variantes y cómo se pueden combinar entre sí las piezas que las forman.

Antes de explicar cómo se estructuran las palabras es necesario saber que hay nueve categorías o clases de palabras: nombre, pronombre, determinante, adjetivo, verbo, adverbio, preposición, conjunción e interjección. La *Nueva Gramática de la Lengua Española* (NGLE), de la Real Academia Española (RAE), incluye la categoría de los artículos y excluye la de los determinantes, que quedan categorizados como adjetivos, pero la clasificación que presentamos resulta más sencilla.

La **morfología flexiva** estudia las distintas formas que pueden presentar las palabras según su género y su número y, en el caso de los verbos, su conjugación. La **morfología léxica o derivativa** estudia la estructura de las palabras y las reglas que nos sirven para construirlas o para crear palabras nuevas. La morfología flexiva es la que más se trabaja en Secundaria y por eso vamos a centrarnos especialmente en ella.

En primer lugar, tienes que distinguir entre las categorías que pueden variar de género y número (*amarillo, amarilla, amarillos, amarillas*), a las que llamamos variables, y las invariables, que siempre presentan la misma forma (*sin*). Son variables nombre, pronombre, determinante, adjetivo y verbo. Son invariables adverbio, preposición, conjunción e interjección. Algunas palabras que pertenecen a categorías variables son invariables: por ejemplo, el pronombre relativo *que* o el nombre *fútbol*.

Hay categorías que tienen significado léxico (nombres, verbos, adjetivos, casi todos los adverbios) y otras que solo tienen significado gramatical (pronombres, determinantes, conjunciones, preposiciones, interjecciones). El significado léxico de una palabra es aquel que podemos definir sin recurrir a la gramática.

Cuando digo *mesa* enseguida me viene a la cabeza una idea que puedo traducir con palabras: *mueble que consta de un tablero horizontal sostenido por patas*. Sin embargo, si me piden que defina *en* tengo que recurrir a la gramática: *preposición que indica…*

1.2 *Palabras variables*

1.2.1 *Nombres*

Distinguirás los nombres o sustantivos porque pueden llevar un artículo delante (*el, la, los, las*). A veces no lo llevan (*Compré queso*), pero podemos añadirlo con un pequeño cambio de significado (*Compré el queso*). Tampoco lo llevan algunos nombres propios, que distinguirás porque siempre se escriben con mayúscula (*Miguel, Francia, Londres*).

Los nombres expresan **género**. Para ello pueden mostrar desinencias de masculino-femenino (*chico-chica, sacerdote-sacerdotisa*) o presentar palabras distintas para cada género (*toro-vaca*). A veces la oposición -o / -a no indica diferencia de sexo, sino de tamaño o forma (*cesto-cesta, barco-barca*) o de árbol y fruta (*manzano-manzana, naranjo-naranja*). Los sustantivos **comunes en cuanto al género** se mantienen invariables en masculino y femenino: el género del artículo señala el del sustantivo (*el/la estudiante, el/la futbolista*). Los sustantivos **ambiguos en cuanto al género** pueden llevar el artículo en masculino o en femenino indistintamente (*el/la mar*). A veces el singular tiene un género y el plural otro (*el arte pictórico, las artes pictóricas*). Muchos nombres que vienen del inglés son ambiguos porque aún no se ha decidido qué género darles: *el/la wifi, el/la selfi.* Los sustantivos **epicenos** se refieren a seres sexuados y llevan siempre el mismo artículo, tanto para designar a la hembra como al macho (*la cría, la pantera, el gorila*).

Con algunas palabras la lengua no ha terminado de decidir cómo hacer el femenino, de modo que el DRAE (*Diccionario de la Real Academia Española*) admite *la juez* y *la jueza.* En este caso, a los problemas lingüísticos se añaden consideraciones sociales o ideológicas.

Los nombres expresan **número** mediante la desinencia -s (*libros, calculadoras*) o -es (*arneses, pasteles*), aunque algunos permanecen invariables (*el/los martes, el/los clímax*). A veces el plural cambia el acento del singular: *regímenes, caracteres.* Unos pocos nombres son totalmente invariables como *los víveres, las fauces* o *el tenis.*

Solo puedes usar un numeral con un nombre incontable, como en *tres aguas,* si te refieres a *tres tipos de agua* o a *tres botellas de agua.*

Tipos de nombres	
Concretos: designan realidades que se pueden percibir por los sentidos (*pared, uña*).	**Abstractos**: designan procesos o cualidades que comprendemos usando la mente (*locura, alegría*).
Comunes: no especifican un individuo concreto y se escriben con minúscula (*ordenador, zapatilla*).	**Propios**: señalan un individuo concreto dentro de su clase y se escriben con mayúscula (*Milán, Luis Landero*).
Contables: admiten un numeral delante (*tres días, cinco gallinas*).	**Incontables**: no admiten numeral: **cuatro mantequillas, *tres aguas.*
Individuales: en singular designan a un ser (*lobo, puerta*).	**Colectivos**: en singular se refieren a un conjunto de seres u objetos (*manada, jauría*).

1.2.2 *Adjetivos*

Los adjetivos aportan una cualidad de un nombre o dicen de qué tipo es, y concuerdan con él (*unas hermosas ciudades, una mujer generosa*).

A un adjetivo le puedes poner delante el artículo *lo,* pero no a un nombre: *lo bello, *lo belleza, lo astuto, *lo astucia, lo cómico, *lo comedia.* Cuando pones el artículo delante del adjetivo lo sustantivas, es decir, lo conviertes en un nombre. Los adjetivos tienen género, número y, en muchos casos, grado.

El grado puede ser positivo (*bueno*), comparativo (*mejor*) o superlativo (*muy bueno* o *buenísimo*).

Mejor es un adjetivo cuando es el comparativo de superioridad de *bueno* (cuando significa **más bueno*) y es un adverbio cuando es el comparativo de superioridad de *bien* (cuando significa **más bien*). En el primer caso es variable y en el segundo invariable. Lo mismo ocurre con *peor*.

Tipos de adjetivos	
Calificativo: expresa una cualidad del nombre al que se refiere (*apropiado, justo, dulce*), responde a la pregunta *¿cómo es o está?* (*agua fría*), suele admitir grado (*agua muy fría*), suele admitir modificadores adverbiales (*agua bastante fría*), suele poder ser base de un adverbio en *mente* (*fríamente*) y se coordina con otro calificativo (*agua fría y fresca*). Su función suele ser explicativa, porque señala o subraya una cualidad del nombre; podemos colocarlo delante o detrás de este (*un perro precioso, un precioso perro*).	**Relacional**: sirve para clasificar el nombre y relacionarlo con un determinado campo (*canino, procesal, eléctrico*), responde a la pregunta *¿de qué tipo?* (*un animal marino*), no admite distinción de grado (**un ácido muy sulfúrico*), no suele ser base de un adverbio en mente (**sulfúricamente*) y no se coordina con otro calificativo (**un ácido sulfúrico y trasparente*). Su función suele ser especificativa, porque limita el significado del nombre (*un poema vanguardista*); no podemos ponerlo delante de este (**un vanguardista poema*).

Los adjetivos relacionales se pueden definir como *relativo o perteneciente a* (*carrera espacial, energía solar*), *procedente u originario de un lugar* (*peruano, onubense*) o *partidario de algo* (*cristiano, comunista, demócrata*).

Los adjetivos calificativos indican semejanza (*aceitunado*), tendencia (*caprichoso*), capacidad para llevar a cabo una acción o para recibirla (*relajante, reutilizable*), propiedades físicas que percibimos por los sentidos (*amargo, hermoso*), dimensiones espaciales (*estrecho, profundo*), velocidad (*lento, veloz*), valoración (*malo, estupendo*), cualidades o defectos (*vicioso, afable*), color (*rojo, amarillo*), forma (*redondo, cuadrado*)...

Un adjetivo calificativo puede convertirse en relacional cuando su función cambia de explicativa a especificativa. En *Su actitud abusiva lo hace poco querido, abusiva* es calificativo. Sin embargo en *Las actitudes abusivas nos hacen antipáticos* se usa como un relacional.

1.2.3 *Determinantes*

Los determinantes siempre acompañan a un nombre, con el que concuerdan en género y número: no informan de una cualidad del nombre, pero sirven para precisar alguno de sus aspectos, como la cantidad, a quién pertenece o si está cerca o lejos de quien habla (*tres casas, tu casa, esta casa*). A diferencia de los adjetivos, forman una clase cerrada, es decir, no podemos inventar determinantes nuevos, y carecen de significado léxico.

Los determinantes posesivos e indefinidos toman la forma de los pronombres si van detrás del nombre (*no tengo motivo alguno, la casa suya*).

Los numerales se clasifican en cardinales (*un, tres, cuatro*), ordinales (*primer, cuarto*), fraccionarios (*doceava, quinceava*), multiplicativos (*doble, triple*) y distributivos (*sendos, ambos*). *Cada* tiene carácter distributivo, pero no es numeral, sino indefinido.

Clases de determinantes	
Artículo	el, la, lo, los, las
Indefinido	un, algún, ningún, poco, mucho, bastante, demasiado…
Demostrativo	este, ese, aquel, esta, esa, aquella, estos, esos, aquellos…
Posesivo	mi, tu, su, mis, tus, sus, nuestro, vuestro, nuestros…
Interrogativo	qué, cuánto, cuánta, cuántos, cuántas
Relativo	cuyo, cuya, cuyos, cuyas, (cuanto)
Numeral	un, tres, primer, segundo, doceava, ambos, sendos…

1.2.4 Pronombres

Los pronombres nunca pueden acompañar a un nombre. Funcionan como un nombre y sustituyen una parte del sintagma nominal que incluye el núcleo, aunque por comodidad se suele decir que sustituyen al nombre. Si sustituyo *Mi primo Pepe vino ayer* por *Él vino ayer, él* no ha sustituido solo al nombre, sino a todo el sintagma nominal; si sustituyo *Quiero la segunda novela de Llamazares* por *Quiero la segunda* el pronombre ha sustituido a casi todo el sintagma, pero no al artículo. Los pronombres pueden clasificarse en personales y no personales.

Los pronombres **personales** no se llaman así porque sustituyan a una persona (pueden sustituir a una cosa, a un animal, a una planta), sino porque son capaces de distinguir persona gramatical (*yo* es primera persona, *tú* es segunda, *él* es tercera).

Clases de pronombres personales

1. Pueden hacer **de sujeto**: *yo, tú, él, ella, ello, nosotros, nosotras, vosotros, vosotras, ellos, ellas, usted, ustedes.*

2. **Átonos**. Pueden hacer de complemento directo o indirecto, y desempeñar usos especiales: *me, te, se, nos, os, le, les, lo, la, los, las.*

3. **Usados tras preposición**: *mí, ti, sí, él, ella, ello, nosotros, nosotras, vosotros, vosotras, ellos, ellas, usted, ustedes. Conmigo, contigo, consigo* llevan la preposición puesta: son, en realidad, sintagmas preposicionales.

Los pronombres **no personales** pueden ser demostrativos, posesivos, indefinidos, numerales, interrogativos / exclamativos y relativos.

Los mismos tipos que hemos visto para los determinantes salvo el artículo, que nunca puede hacer de pronombre.

Clases de pronombres no personales	
Indefinido	uno, alguno, ninguno, poco, bastante, demasiado…
Demostrativo	este, ese, aquel, esta, esa, aquella, estos, esos, aquellos…
Posesivo	mío, tuyo, suyo, nuestro, vuestro, nuestros, vuestros…
Interrogativo	qué, quién, cuál, cuánto
Relativo	que, el que, el cual, quien, cuanto
Numeral	uno, dos, tres, primero, segundo, tercero, doceava…

1.2.5 *Verbos*

La mejor manera de identificar un verbo es comprender sus accidentes.

Accidentes verbales o características morfológicas del verbo
Persona: 1ª (las formas correspondientes a *yo* y *nosotros*, como *vendré* o *vendremos*), 2ª (las correspondientes a *tú* y *vosotros*, como *decidiste* y *decidisteis*) y 3ª (las correspondientes a *él, ella, ellos, ellas*, como *salió* y *salieron*).
Número: Singular (*vendré, decidiste, salió*) y plural (*vendremos, decidisteis, salieron*).
Tiempo: Presente (*como*), pasado o pretérito (*comí, comía*) y futuro (*comeré*).
Aspecto: Perfecto (*viajé, he viajado*) e imperfecto (*viajo, viajaba, viajaré*). Una forma verbal tiene aspecto perfecto cuando, en el momento de la acción, está terminada, sea presente, pasado o futuro, e imperfecto cuando no lo está. En *Cuando llegues ya habré cenado*, la acción de cenar aparece en futuro, pero para cuando se produzca la acción de llegar ya habrá terminado: por eso es perfecta. En *Cuando llegues cenaré* uso un futuro imperfecto porque, cuando se produzca la acción de llegar, la de cenar no estará terminada (ni siquiera empezada). Son formas perfectas todas las compuestas y el pretérito perfecto simple, e imperfectas todas las simples menos el pretérito perfecto simple.
Modo: Indicativo, subjuntivo, imperativo y formas no personales (infinitivo, gerundio y participio).
Voz: Activa, cuando el sujeto realiza la acción (*La televisión emite ese concierto*), y pasiva, cuando el sujeto recibe la acción de otro (*Las televisiones se reparan en aquel taller*). Añadiéndole el pronombre *se*, el verbo también puede expresar una voz media, en la que el sujeto no realiza la acción, pero tampoco se la realiza nadie, sino que más bien ocurre sola (*La televisión se estropeó*).
Conjugación: En la primera el infinitivo termina en *-ar*, en la segunda en *-er* y en la tercera en *-ir*. A la vocal que precede a la *r* la llamamos vocal temática.

1.3 *Palabras invariables*

1.3.1 *Preposiciones*

Aprendiste de memoria en Primaria las preposiciones propias (*a, ante, bajo, con, contra, de, desde, en, entre, hasta, hacia, para, por, según, sin, sobre, tras, mediante, durante, vía, versus* y las ya en desuso *cabe* y *so*). También existen muchas locuciones preposicionales (*junto a, a pesar de, con respecto a…*). En *al* y *del* tenemos dos palabras, cada una con su categoría: una preposición y un determinante. *Excepto* y *salvo* no son preposiciones, sino conjunciones exceptivas. Las preposiciones forman con su término un sintagma preposicional. La preposición siempre sirve de enlace entre el término y el elemento al que complementa el sintagma preposicional.

1.3.2 Conjunciones

Como las preposiciones, las conjunciones sirven para unir palabras o grupos de palabras y solo pueden explicarse bien cuando se estudia sintaxis. Se diferencian de las preposiciones porque estas unen sintagmas o proposiciones de distinta importancia sintáctica, mientas que las conjunciones pueden unir sintagmas de la misma importancia o proposiciones de la misma o distinta importancia (coordinación y subordinación, respectivamente). Son conjunciones *que, si, porque, pero, o, aunque.* Siempre hacen de nexo.

1.3.3 Adverbios

El adverbio, a diferencia de las dos categorías anteriores, es tónico y puede usarse de forma aislada: puedo decir *Llegué pronto,* pero no **Llegué por* o **Llegué aunque.*

Casi todos los adverbios tienen un significado que puedes definir sin recurrir a la gramática, mientras las otras categorías invariables solo ofrecen significado gramatical. Por eso si te piden que definas *apropiadamente* puedes escribir *de forma adecuada,* pero si te piden que definas *por* o *aunque* tienes que recurrir a explicaciones gramaticales. En cualquier caso, adverbios como *sí, no* o *quizás* solo tienen significado gramatical.

Los adverbios más habituales son los de lugar (*allí*), tiempo (*luego*) cantidad (*mucho*), afirmación (*sí*), negación (*tampoco*), duda (*quizás*), exclamativos o interrogativos (*¡<u>Qué</u> fácil!, ¿<u>Dónde</u> vas?*) y relativos (*El país <u>donde</u> nací es muy acogedor*).

1.3.4 Interjecciones

Las interjecciones sirven para expresar emociones (*¡Ay!*), dirigirse al interlocutor (*¡Eh!*) o imitar ruidos (*¡Pum!*), suelen ir separadas por comas y pueden construir por sí mismas un enunciado completo.

1.4 Palabras que pueden pertenecer a varias categorías

La categoría de una palabra depende del **contexto** en el que la usemos. En *El médico me recetó un jarabe, médico* es un nombre, pero en *Le diagnosticaron un problema médico* la misma palabra es adjetivo. En *Lanzó un disparo duro junto al poste, duro* es un adjetivo, pero en *Ese equipo jugó muy duro* es un adverbio.

Es habitual que os cueste distinguir la categoría de los indefinidos. Si el indefinido varía de número es determinante o pronombre: los adverbios son invariables. Si me sale *Tengo bastante paciencia* puedo imaginar una oración similar en la que escriba *Tengo bastantes virtudes,* con *bastante* en plural, luego *bastante* no es adverbio. Pero en *Te vi bastante cansado* no puedo poner **Os vi bastantes cansados*, luego sí es adverbio. En *Compré bastantes*, puesto que *bastantes* está en plural y no acompaña a un nombre, tenemos un pronombre. En *Compré bastante* me queda la duda de si tengo un adverbio o de si se trata de un pronombre que sustituye a *bastante cantidad* o *bastante queso*, así que ambas respuestas son válidas.

Grupos de palabras que pueden pertenecer a distintas categorías

	Determinante	**Pronombre**	**Adverbio**
Artículo	el, la, lo, los, las		
Demostrativo	este, ese, aquel, esta, esa, aquella...	este, ese, aquel, esta, esto, eso, aquello...	
Indefinido	un, algún, suficiente, cierto, bastante, poco, ambos, sendos, cada...	uno, alguno, bastante, poco, nada, suficiente, ambos, varios...	poco, mucho, algo, nada...
Numeral	primer, segundo, un, dos, tres...	primero, segundo, uno, dos, tres...	
Posesivo	mi, tu, su, nuestro, suyo (pospuesto)...	mío, tuyo, suyo, nuestro...	
Interrogativo / Exclamativo	qué, cuánto	qué, quién, cuánto, cuál	cómo, dónde, cuándo, cuánto
Relativo	cuyo, cuanto	que, el que, el cual, quien, cuanto	como, donde, cuando, cuanto

A veces, si palabras similares se escriben de forma distinta es porque tienen distinta categoría, como sucede con **porque**, **porqué**, **por que** y **por qué**. Escribimos *porque* cuando tenemos una conjunción, *porqué* cuando tenemos un nombre (lo sabrás porque lleva delante un determinante) y *por qué* cuando tenemos un pronombre interrogativo precedido de una preposición. *Por que* lo vas a encontrar en dos casos:

1. Cuando tengas una proposición subordinada adjetiva a la que se le ha suprimido parte del relativo: *Es la razón por (la) que llegué tarde*. Es poco habitual en español de España.
2. Cuando la preposición *por* venga exigida por un verbo (*Apuesto por que ganarán los mejores*, donde introduce un complemento de régimen) o por otra palabra (*La apuesta por que ganarían las elecciones salió mal*, donde introduce un complemento de régimen no verbal), si su proposición lleva el verbo en indicativo, es obligatorio escribir *por que*, separado (es incorrecto **Apuesto porque ganarán los mejores* o **La apuesta porque ganarían las elecciones salió mal*). Pero si lleva el verbo en subjuntivo podemos escribir *por que* o *porque*: *Abogó porque/por que se cambiara la ley*.

No puedo incluir en el cuadro de aquí arriba los pronombres *lo, la, los, las* en la columna de los pronombres y en la fila de los artículos, porque no existe un pronombre artículo. Sin embargo, es cierto que a veces los confundís con los determinantes correspondientes (lo que no ocurre con el pronombre *él*, que se distingue del artículo gracias a su acento). La forma de distinguirlos es sencilla. Cuando *lo, la, los, las* son pronombres no pueden acompañar a un nombre y tienen que ir con un verbo: delante o detrás (esto último, en caso de que el verbo vaya en imperativo, infinitivo o gerundio). Cuando son artículos deben ir, obligatoriamente, acompañando a un nombre o, en el caso de *lo*, a un adjetivo al que sustantivan (al que convierten en nombre). Excepcionalmente, encontramos casos como *el de la moto* en los que el artículo aparece en un sintagma nominal cuyo núcleo está omitido.

1.5 *Ejercicios*

1. Señala las palabras variables e invariables. Asegúrate de que compruebas que lo son en el contexto en el que aparecen:

a) El hombre bajo gritaba muy alto.
b) Trabajar duro es muy duro.
c) Movió la frente hacia la acera de enfrente.
d) Te quiero bastante pero bastantes veces me fatiga bastante tu insistencia.
e) A pesar de todo me llena de pesar su ausencia.

2. Señala la categoría de *mejor* y *peor*. Explica cómo podrías probarlo.
   a) Es mejor que me lo expliques mejor.
   b) Lo peor vino cuando el peor jugador golpeó el balón más deprisa y mejor.
   c) Mejor es tomar la mejor decisión.
   d) Rueda mejor cuanto mejor es la bicicleta.
   e) Parece peor la idea de vestirse mejor.
3. Localiza nombres comunes en cuanto al género, ambiguos en cuanto al género y epicenos:
   a) La miembro de la tripulación comprobó la armazón del buque.
   b) El estudiante compró azúcar en la tienda.
   c) La víctima, una persona joven, fue trasladada en camilla.
   d) Las doctoras estudiaban el hábitat del tiburón hembra.
   e) La psiquiatra era una buena profesional.
4. Di si los siguientes nombres son concretos o abstractos, individuales o colectivos, comunes o propios, contables o incontables.
   a) El doctor Martínez le arregló la dentadura con paciencia.
   b) La flota estadounidense recibió el ataque japonés en Pearl Harbour.
   c) El conflicto armado entre la República y la Confederación se llamó Guerras Clon.
   d) El ejército napoleónico fue derrotado en Bailén por las tropas españolas.
   e) El reparto de papeles entre el reparto de actrices fue complicado.
5. Señala los adjetivos y di si son calificativos o relacionales.
   a) Los rápidos cambios estructurales en las conocidas empresas multinacionales provocaron inesperadas fluctuaciones económicas.
   b) Amar es parecer furioso, áspero, tierno, liberal, esquivo, mortal, alentado, difunto, vivo, leal, traidor, cobarde y animoso.
   c) Una publicación científica estadounidense señala que los hermanos menores son más divertidos y los hermanos mayores más inteligentes.
   d) El histórico pacto entre los enemigos acérrimos cerró una etapa histórica.
   e) El discurso presidencial resultó bastante complejo para los embajadores extranjeros presentes.
6. Distingue los determinantes de los pronombres y di de qué tipo son.
   a) Ni estos clavos ni aquellos serán suficientes.
   b) El último caballo aquel llegó tercero en la cuarta carrera.
   c) No hay argumento alguno que justifique tanta violencia.
   d) Ambos hermanos repitieron varios cursos.
   e) ¿Qué ejercicio y por qué os ha resultado más difícil?
   f) El primer colegio donde estudió tenía demasiados alumnos.
7. Indica la categoría de los interrogativos / exclamativos.
   a) ¿Qué dicen sobre cuándo llegarán los paquetes?
   b) No sé qué equipo juega ni dónde.
   c) ¿A qué se dedican?

d) ¿Ves qué fácil?
e) Dime quién viaja, qué vuelo busca y cómo ha realizado la reserva.

8. Indica la categoría de los indefinidos.
   a) Bastante he hecho por ti diciéndote que hacía bastante tiempo que no llegaban bastantes.
   b) Demasiada gente pensaba que era demasiado habitual pensar demasiado.
   c) Ninguna excusa justifica de forma alguna tanta violencia.
   d) Es muy fácil acumular muchos en poco tiempo.
   e) Muchas personas coincidían en que no era nada fácil.
9. Analiza morfológicamente los siguientes verbos: *habríamos llegado, decíais, ven, dínoslo, diciéndoselo, haber roto, anduviéramos, pintaron, regimos, auxiliaba, hubieran acudido, lleguemos, habiendo escuchado, hube analizado, hubieran proscrito.*
10. Localiza en este texto las preposiciones, las conjunciones y los adverbios: *Desde años atrás ningún viajero llegaba en el autobús de línea sin que los vecinos se acercaran a escudriñarlo cuidadosamente, puesto que apenas nadie se acercaba a aquel pueblo de la frontera con Portugal, y, como ni la carretera ni el camino parecían practicables salvo para burros y bueyes, un visitante se convertía rápidamente en noticia para los habitantes de tan desolados parajes.*
11. Explica cuándo *solo* es adjetivo, cuándo es adverbio y cuándo puede entenderse de los dos modos:
    a) Me aburro solo los martes.
    b) Solo tú lo comprendes.
    c) Tú solo lo hiciste.
    d) Dime un solo motivo.
    e) Llegó solo un marinero.
12. Clasifica los siguientes adverbios según su tipo. El mismo adverbio puede clasificarse en varios grupos: *bastante, ayer, no, habitualmente, allí, quizás, menos, detrás, muy, jamás, blandamente, mañana, nunca, así, apenas, fielmente, cerca, pronto, poco, tampoco, bien, también, sí, ciertamente, antes, atrás, después, encima, demasiado, casi, mal, peor, todavía, solamente.*
13. Razona la diferencia de significado y de categoría gramatical de estos dos *hasta*: *Hasta aquí se había sentido agobiado y hasta culpable de la situación.*
14. Explica, usando razones morfológicas, por qué escribimos *Si no me lo hubieras dicho no hubiera comprendido que su sino no era sino vagar errante.*
15. Explica, usando razones morfológicas, por qué escribimos *¿Por qué dices que no comprendes el porqué de sus actos? ¿Porque apostó por que nunca lo conseguirías?.*
16. Indica la categoría de las siguientes palabras:
    a) *Ciertas* afirmaciones no resultaron ser afirmaciones *ciertas*.
    b) *Quince* personas apostaron al *quince*.

2
Locuciones y perífrasis

2.1 *Locuciones*

Una locución es un grupo de palabras que han perdido su significado original y funcionan ya como si fueran una sola palabra, así que se analizan como una unidad. Hay que averiguar a qué clase de palabra sustituyen, porque así sabemos qué tipo de sintagma forman. Aquí tienes algunos ejemplos:

Tipos de locuciones	
Nominales	*tomadura de pelo, campo de concentración, mal trago, capilla ardiente*
Adjetivales	*sano y salvo, una verdad como un templo, en pelota, de tres al cuarto*
Verbales	*dar la lata, estirar la pata, hacer saber, hacer la pelota, echarse a perder*
Determinativas	*mogollón de, cantidad de, la de cosas que vi, qué de gente*
Pronominales	*cada cual, alguno que otro, uno mismo, sí mismo, el cual*
Adverbiales	*por si las moscas, de repente, a la chita callando, de sobra, en broma*
Preposicionales	*gracias a, junto a, a pesar de, a falta de, a lo largo de, con rumbo a*
Conjuntivas	*gracias a que, a pesar de que, dado que, de modo que, a no ser que*
Interjectivas	*¡cielo santo!, ¡Dios mío!, ¡por tu madre!, ¡no fastidies!*

La misma locución puede tener distinta categoría según el uso que le demos: en *jurar en falso* tenemos una locución adverbial y en *un juramento en falso* una locución adjetival. En *retransmitir en vivo* tenemos una locución adverbial y en *retransmisión en vivo* una locución adjetival.

Para que haya una locución las palabras que la forman han debido perder su significado, no basta con que puedan ser sustituidas por una sola palabra: *formular una pregunta* es lo mismo que *preguntar* pero no forma una

No hace falta que la palabra que sustituye a la locución signifique lo mismo (a veces es imposible encontrar un sinónimo), basta con que funcione del mismo modo. En *Encontré un hombre lobo*, si no conozco la palabra *licántropo*, puedo sustituir por *Encontré un vampiro*: no son sinónimos, pero funcionan de la misma manera.

locución. Sustituir la locución sirve para saber de qué tipo es. *Jurar en falso* es una locución adverbial porque *en falso* equivale a *falsamente*; *un juramento en falso* es una locución adjetival porque *en falso* equivale a *mentiroso*.

2.2 *Compuestos propios y compuestos sintagmáticos*

¿Cómo distinguir un compuesto sintagmático de un grupo de palabras que funciona de forma autónoma? Muchas veces no resulta fácil y no podemos dar una respuesta de validez absoluta, pero sí un criterio práctico: si la palabra núcleo del sintagma conserva su significado, no lo consideraremos compuesto sintagmático (ni locución: recuerda que es lo mismo). Por ejemplo, el *ácido sulfúrico* es, ante todo, un ácido, así que no consideraremos que sea un compuesto sintagmático. Sin embargo, el *puente aéreo* no es un tipo de puente: podemos considerarlo compuesto sintagmático (aunque también admitiría un análisis distinto). Una *tomadura de pelo* no parece un tipo de tomadura, así que podemos analizarlo como compuesto sintagmático. Sin embargo, un *viaje relámpago* sí es un tipo de viaje, así que podemos considerar que se trata de dos palabras con funcionamiento independiente. Parece que *relámpago* se ha convertido aquí en un adjetivo.

Resulta difícil distinguir entre los **compuestos propios** y los **compuestos sintagmáticos** o **locuciones**. Llamamos compuestos propios a las palabras formadas por dos o más lexemas que se escriben como una sola: *sacapuntas, carricoche, rojiblanco*. Los compuestos sintagmáticos o locuciones son construcciones formadas por varias palabras en las que sus componentes han perdido su autonomía para funcionar como una sola palabra. *Compuesto sintagmático* es el nombre que les damos desde una perspectiva morfoléxica; *locución* es el nombre que les damos desde una perspectiva morfosintáctica.

Los compuestos que se escriben en varias palabras forman un compuesto sintagmático (*cabeza rapada, padre nuestro, peso pluma* y *acuse de recibo*). Los que se escriben en una sola palabra, con o sin guiones, son compuestos propios (*franco-británico, lumbar-dorsal, árabe-israelí, francobritánico, lumbodorsal*). Hay palabras que pueden escribirse juntas (en tal caso las consideraremos compuestos propios) o separadas (compuestos sintagmáticos), como *padrenuestro* / *padre nuestro*.

2.3 *Perífrasis verbales*

En una perífrasis tenemos dos verbos que trabajan juntos y funcionan como uno solo: el primero, o auxiliar, no aporta significado (no lo tiene o lo ha perdido), sino información gramatical; el segundo, o auxiliado, va en forma no personal y aporta el significado léxico. Los dos juntos componen una sola forma verbal que hace de núcleo del predicado. Entre ambos puede haber una preposición *a* o *de*, o una conjunción *que* (*voy a saltar, dejaste de reír, tenéis que comprender*). Aunque no es habitual, hay otros componentes que pueden unir los dos verbos de una perífrasis: *Estoy a punto de marcharme.*

Criterios para distinguir las perífrasis	
1. En las perífrasis, el verbo auxiliar pierde su significado. En *Vamos a comer* hay perífrasis si quiero decir que tenemos intención de comer pero no estamos yendo a ninguna parte; sin embargo, si el verbo *ir* tiene significado, se trata de una oración compuesta, con un verbo principal y una proposición subordinada adverbial final.	2. En las perífrasis no puedo sustituir el verbo en forma no personal por un sintagma nominal ni por una subordinada. En *Puedo comer* hay perífrasis, porque **Puedo que tú comas* o **Puedo una fabada* no son construcciones posibles; sin embargo, en *Quiero comer* tenemos dos verbos, ya que *Quiero que tú comas* o *Quiero una fabada* es correcto.
3. En las perífrasis hay una sola acción. Si digo *Se paró a charlar* hay dos acciones diferentes, *parar* y *charlar*. Si digo *Dejó de charlar* sólo hay una acción: el sujeto no dejó nada, solo digo que ya no charló más.	4. En las perífrasis no puedo sustituir el verbo principal por un pronombre. En *Deseo confesar* puedo sustituir por *Lo deseo*, pero en *Puedo confesar* no puedo sustituir por **Lo puedo*.

Tipos de perífrasis según el matiz que aporte el verbo auxiliar	
1. De modo	*Indican la actitud del hablante ante la acción.*
	1.1. Obligación: tener que, deber, haber de + infinitivo. *Tienes que/debes/has de decidirte.*
	1.2. Aproximación o suposición: deber de, venir a + infinitivo; venir + gerundio. *Debe de/viene a costar cinco euros. Viene costando cinco euros.* A estas perífrasis las llamo *las del más o menos.*
	1.3. Posibilidad o conjetura: poder, deber de + infinitivo. *Eso podría ser cierto. Deben de ser las cinco, porque ha sonado el timbre.* A estas las llamo *las del quizás.*
	1.4. Capacidad, cortesía o autorización: poder + infinitivo. *¿Puedo levantarme? No se puede bailar allí.* A estas las llamo *las del permiso* o *las del yo puedo.*
2. Aspectuales	*La conjugación verbal del español solo permite expresar dos aspectos: perfecto (terminado) o imperfecto (en desarrollo o sin terminar). Las perífrasis permiten matizar mucho más el aspecto del verbo y precisar detalles sobre el estado de la acción o su desarrollo: si la acción acaba de comenzar, si ha terminado hace poco, si está a medias…*
	2.1. Ingresivas: la acción está a punto de comenzar. Ir a, estar para, estar al, estar a punto de + infinitivo. *Voy a apuntarme a un curso este verano. Está para llover. Juan está al llegar.*
	2.2. Incoativas: la acción está justo en su comienzo. Comenzar a, echarse a, empezar a, ponerse a, liarse a, romper a, pasar a + infinitivo. *Se echó a reír. Comenzó a llover. Se liaron a gritar. Pasó a controlar el mercado.*
	2.3. Durativas: la acción se muestra en su desarrollo. Se parecen a las formas progresivas que estudias en inglés *(I am studying. He was singing).* Estar, andar, continuar, llevar, seguir, venir + gerundio. *Está nevando desde ayer. Andan siempre molestando en clase. Continúan emitiendo ese programa. Llevan seis años estudiando francés. Siguen vendiendo flores. Vengo diciéndotelo desde marzo.*
	2.4. Terminativas: la acción ha terminado o se interrumpe. Acabar de, cesar de, dejar de, llegar a, terminar de, alcanzar a + infinitivo. *Acaba de salir el tren. Ha dejado de llover. Llegó a regentar seis tiendas. No alcanzó a comprender la situación.*
	2.5. Perfectivas: la acción se presenta como acabada. A diferencia de las terminativas, el verbo principal va en participio. Haber (tiempos verbales compuestos), llevar + participio. *Habían llegado a tiempo. Llevan vistas tres casas en la zona.*
	2.6. Frecuentativas: muestran el carácter habitual de una acción. Soler, acostumbrar a + infinitivo. *Solían comer poco. Acostumbra a hablar bajo.*
	2.7. Reiterativas: la acción se repite. Volver a + infinitivo, venir + gerundio. *Volvió a quedarse encerrado. Viene diciendo lo mismo desde siempre.*
3. De voz pasiva	*Ser* + participio. *Fueron admitidos en el máster.*

Entre dos verbos podemos introducir otros elementos, formen perífrasis o no: *No dejaron nunca de entrenarse* (hay perífrasis) o *No pensaron nunca en rendirse* (no hay perífrasis).

Es importante distinguir las locuciones verbales de las perífrasis verbales. Las locuciones verbales no tienen por qué estar formadas por dos verbos (*echar de menos, tener en cuenta*), aunque a veces esa es su estructura (*hacer*

Yo enseño que todos los tiempos verbales compuestos y todas las formas pasivas formadas con *ser* son perifrásticos, pero hay profesores que prefieren no considerarlos perífrasis.

saber, dar a entender): en estos casos los dos verbos pierden su significado, mientras que en las perífrasis solo lo pierde el primero.

Para saber qué expresa una perífrasis tienes que quitarle al verbo los adverbios que lo acompañan, porque pueden cambiar su modo o su aspecto. Si digo *Ya no estoy estudiando chino,* la idea de la oración es terminativa, puesto que he dejado de estudiar chino; sin embargo, la idea de la perífrasis, sin adverbios, es durativa. Si digo *Todavía no he parado de trabajar* la idea de la oración es durativa, porque aún estoy trabajando, pero la idea que aporta la perífrasis es perfectiva.

Algunos incluyen entre las perífrasis perfectivas *dar por* + participio, como en *Dieron por terminadas las obras.* Yo prefiero considerar que tenemos un verbo y un complemento que puede ser analizado como complemento de régimen o como predicativo y que tiene carácter obligatorio.

Construcciones como *conseguir, intentar, lograr, necesitar, querer, tratar de, lograr, demostrar, prometer* + infinitivo se consideran a veces **semiperífrasis**, porque cumplen algunos de los requisitos de las perífrasis, aunque no todos. Se suele aceptar el análisis como perífrasis, pero te recomiendo que los analices como verbos no auxiliares.

En enunciados como *Puede ser que llueva mañana* o *Puede que llueva mañana* es preferible considerar que *puede ser que* o *puede que* forman una locución adverbial (*quizás*) en lugar de analizarlo como una perífrasis.

Cuando te salgan muchos verbos seguidos tienes que establecer la relación entre ellos de dos en dos: en *podíamos haber empezado a dejar de ser considerados,* entre *podíamos* y *haber* hay una perífrasis modal de posibilidad, entre *haber* y *empezado* una aspectual perfectiva, entre *empezado* y *dejar* una aspectual ingresiva, entre *dejar* y *ser* una aspectual terminativa, entre *ser* y *considerados* una de voz pasiva. Como todos van encadenados entre sí, la expresión entera forma un único núcleo verbal. En *teníamos que haber sabido empezar a organizarnos,* entre *teníamos* y *haber* hay una perífrasis modal de obligación, entre *haber* y *sabido* una perfectiva, entre *sabido* y *empezar* no hay perífrasis, entre *empezar* y *organizar* hay una aspectual incoativa. Así que tenemos dos núcleos verbales (*teníamos que haber sabido, empezar a organizar*), puesto que hay un corte que los separa.

2.4 *Ejercicios*

1. Las palabras subrayadas forman locuciones. Di de qué tipo es la locución y sustitúyela por una palabra de la misma categoría.
   a) En resumen, se vistió en un abrir y cerrar de ojos.
   b) Tal vez puedas concentrarte si dejas de darle a la húmeda.
   c) Sabía de memoria su discurso a favor de la ecología.
   d) ¡Mira tú por dónde con la mosquita muerta!
2. Localiza las locuciones y di de qué tipo son.
   a) Por supuesto, en contra de la opinión de los demás, se casó con su media naranja.
   b) La negociación fue un toma y daca pero, por fortuna, no nos tomaron el pelo.
   c) A falta de un verdadero culpable, te tomaron como cabeza de turco para no reconocer que habían metido la pata.
   d) A pesar de sus gritos, hicieron oídos sordos, es decir, se hicieron los suecos.
   e) A medida que se sonrojaba comprendimos que hablaba en serio.
   f) Entró en plancha, controló el balón y, en cuanto disparó a bocajarro, nos dejó con el alma en vilo.
   g) ¡Ni loco vuelvo a ir de abrigo, ni a una fiesta corriente y moliente, ni a un restaurante de postín!
   h) Dio a conocer el nombre del ganador en vivo y en directo y en un santiamén lo hizo famoso.
   i) Sabe mogollón de trucos para pirarse mazo de deprisa y quedarse con la peña.
   j) Desde luego, nadie hace migas con un tonto de las narices.
   k) Cada quien es cada cual.
   l) Era una verdad como una casa.
   m) Qué de tiempo pasamos en la capilla ardiente.

3. Distingue qué expresión es perífrasis y di por qué.
   a) Lleva tres días quejándose / Lleva la chaqueta colgando.
   b) Vino a firmar el contrato / Viene a ganar mil euros.
   c) Paró de fumar / Paró para fumar.
   d) Felisa iba a pensar en una solución / Felisa iba pensando en una solución / Felisa fue a pensar en una solución.
   e) Sigue el camino bordeando la finca / Sigue esperando, sin decidirse.
   f) Volvió a su pueblo a demostrar su inocencia / España volvió a clasificarse para el Mundial.
   g) Lleva entregados tres trabajos / Lleva ceñido el chándal.
   h) Empezó abriendo la puerta / Empezó a abrir la puerta.
   i) Fueron abandonados en el hospicio / Estuvieron abandonados en el hospicio dos años.
4. Identifica las perífrasis y di de qué tipo son.
   a) No acaba de convencerme tu razonamiento.
   b) Estoy a punto de decidirme.
   c) ¿Quién se va a beber todo el zumo?
   d) Llegamos a recuperar la cartera.
   e) Andan apostando en negocios sucios pero siguen negándolo.
   f) Quienes deseen acceder deben identificarse antes.
   g) No solía comprar en el sitio donde van a poner esa tienda.
   h) ¿Puedes subir el volumen?
   i) Eso puede deberse a la contaminación.
   j) Deben de ser ya las cinco, porque los niños están saliendo del colegio.
5. Localiza los compuestos sintagmáticos y razona si podrían analizarse como sintagmas con núcleo y complementos.
   a) El guardia civil dio el alto al cabeza rapada.
   b) El niño prodigio rezaba un padre nuestro en el sofá cama.
   c) El hombre rana miraba por el ojo de buey al pez espada.
   d) Dejó junto al mueble bar el brazo de gitano y el perrito caliente.
6. Explica, dos a dos, la relación que se establece entre los verbos.
   a) Habían llegado a tener que quejarse de los ruidos.
   b) Pueden estar llegando a ser vistos como un problema.
   c) Han estado siendo invitados a dejarse ver por las fiestas.
   d) Va a echarse a reír.
   e) Acaba de ser nombrado presidente.
   f) Estaba a punto de echarme a dormir en el sofá.
   g) Estaban dejando de fumar.
   h) Llegó a ser conocido por sus programas.
7. Razona la idea aspectual que ofrece el verbo y la idea aspectual que ofrece la oración.
   a) Ya no estamos saliendo juntos.
   b) Todavía no he dejado mi trabajo.
   c) No ha dejado de preguntar por ti.
   d) No van a detenerse nunca.
8. Razona si hay perífrasis en *Le quedan por fregar tres baños.*
9. Distingue las perífrasis verbales de las locuciones verbales:

a) Se hizo saber que no iban a recibir a nadie.
b) Dio por descontado que no estaban esperándolo.
c) Debía de pensar que no tendría nadie en cuenta sus errores.
d) Tras mucho pensar acabaron dando en el clavo.

3
Los monemas y su clasificación

3.1 Clasificación de los monemas

Para analizar la estructura morfológica de las palabras debes conocer algunos términos.

Llamamos **base léxica** a la voz de la que partimos en un proceso morfológico. A veces coincide con el lexema. En *partición* la base es *partir* y el lexema es *part-*. En *gorila* tanto la base como el lexema es *gorila*. Las bases aparecen en el diccionario: si no son palabras en español, sino bases cultas que proceden del latín o del griego, el DRAE explica que son elementos de composición. Son bases cultas, por ejemplo, *hidro, cosmo* o *hepato*.

Llamamos **bases supletivas** a las distintas formas que puede presentar una base sobre la que se realizan procesos de formación de palabras. Así, *hombre, humano, homúnculo* y *homínido* parten de la misma raíz, que adquiere distintas formas. Podemos decir que *hombre, hum-, homun-* y *homo* son bases supletivas. En *novísimos* la base es *nuevo/a* o *nov-*. Cuando cites una base supletiva no te preocupes por la terminación. El español, al contrario que el latín y el griego, carece de declinación.

Algunos libros dan como base el nominativo, otros el caso más parecido a la forma que tenemos en español y otros una forma similar al lexema, incluyendo el guión. Por ejemplo, en *corporal*, podemos decir que la base es *corpor-* (supletiva de cuerpo), o *corpus* (pero en este caso nos cuesta justificar la segunda *r*), o *corporis*. Lo más sencillo es señalar *corpor-*, así que será lo que hagamos, cuando sea posible.

Monema es cada una de las piezas que forman una palabra y tiene significado léxico (lexema) o gramatical (morfema). Algunas gramáticas lo llaman morfema y distinguen entre morfema léxico y morfema gramatical.

Lexema, raíz o morfema léxico es el fragmento de palabra que aporta el significado léxico. Para llegar al lexema quitamos a la palabra que encontremos todos los morfemas que lleve. En *reparticiones* la base es *parte*. Quitamos el prefijo *re-*, el sufijo *-ición* y el morfema flexivo *-es* y nos queda el lexema, *-part-*. Las palabras que comparten lexema forman una familia léxica: *pan, panadero, panadería, empanar, empanada, panecillo, panificadora*.

Morfema es el fragmento de palabra que aporta significado gramatical, o la palabra con significado únicamente gramatical. Los morfemas son **libres** (cuando pueden escribirse en una sola palabra, como ocurre con las preposiciones, las conjunciones o los determinantes), o **trabados** (cuando solo pueden aparecer acompañando a un lexema, como ocurre con *-dad* en *bondad*).

Cuando un morfema, al ponerse junto a un lexema, crea una palabra nueva, lo llamamos **afijo** o morfema derivativo. Cuando no crea una palabra nueva lo llamamos **desinencia** o morfema flexivo. Si a la palabra *ratón* le añado una marca de plural me queda *ratones*, que no es una palabra nueva y no aparece en el diccionario en una entrada distinta que *ratón*. Sin embargo, si le añado *-era* obtengo *ratonera*, que sí es una palabra nueva y aparece en el diccionario en una entrada distinta de *ratón*.

Existen excepciones: los sufijos apreciativos (como *sillita, delgaducho, cochazo*) no cambian la categoría de la palabra a la que se suman y no aparecen en el diccionario; tampoco lo hacen todas las palabras formadas añadiendo los afijos de mayor productividad, es decir, los que más se usan, porque si no el diccionario sería un armatoste pesadísimo. Así, por ejemplo, no están todas las palabras formadas con el sufijo *-mente* o *-ble*, como *indistinguiblemente* o *descargable*. Los apreciativos incluyen, con mucha frecuencia, interfijos: *nub-arr-ón, grand-ull-ón, son-iqu-ete, viv-ar-acho, piedr-ec-ita*.

Cuando los **afijos** van delante del lexema se llaman **prefijos** (*preoperatorio*). Cuando van detrás los llamamos **sufijos** (*preoperatorio*). Los prefijos no deciden la categoría de la nueva palabra; los sufijos, sí. Ambos aportan significado a la palabra nueva.

No hay ninguna explicación para que digamos *lunita, mañanita* y *placita* por un lado y *nubecita, tardecita* y *callecita* por otro, en lugar de **nubita, *tardita* y **callita*. Ese *-ec-* es un interfijo. A veces los hablantes usan ambas formas: *manita* y *manecita*. Aunque la NGLE los analiza como parte del sufijo de formación de infinitivo, yo prefiero considerar interfijo lo subrayado en las palabras siguientes: atardecer, empequeñecer, entristecer, aterrorizar, aterrizar, desmoralizar.

Existen otros afijos que van entre el lexema y otro sufijo y no aportan ningún significado a la palabra ni cambian su categoría, ya que solo sirven para facilitar la unión: los llamamos **interfijos**. En *neutralidad* tengo un lexema *neutr-*, un sufijo *-al* que sirve para formar la palabra neutral y un sufijo *-idad*. Pero en *fealdad*, sobre la base *feo* no coloco un sufijo, puesto que **feal* no existe; simplemente, en lugar de hacer una palabra como **feodad*, los hablantes han decidido introducir en medio un interfijo *-al-*.

Las **desinencias** o morfemas flexivos tienen dos funciones: indicar el masculino-femenino y el singular-plural (*gatos*); hacer la conjugación o flexión verbal (*remábamos*).

El mismo monema puede aparecer con formas diferentes (alomorfos), como ocurría con las bases supletivas, y eso os despista mucho. Llamamos **alomorfos** a las variantes del mismo monema, tanto de lexemas como de morfemas.

La e breve (ĕ) y la o breve (ŏ) del latín evolucionaron de una forma particular: cuando eran átonas continuaban siendo *e* y *o*, pero cuando eran tónicas diptongaban como *ie, ue*. Esta alternancia *e / ie, o / ue*, que explica las variantes *siento, sentí* y *orfanato, huérfano*, es una fuente incesante de alomorfos.

Son alomorfos del mismo lexema, o bases supletivas, cab-, cup- y quep- en *caber, cupo* y *quepo*. Son alomorfos del sufijo que sirve para hacer participios -ado, -ido, -so, -to y -cho (*cansado, cocido, impreso, puesto, hecho*). Solo existen tres verbos con dos formas válidas para el participio en la conjugación verbal: *impreso / imprimido, provisto / proveído, frito / freído*. Son alomorfos del mismo prefijo in-, im-, ir-, i- en *inmortal, imprevisible, irresponsable* e *ilegal*. Son alomorfos del mismo sufijo -ión (*unión*), -ción (*conducción*), -sión (*emisión*) y -zón (*quemazón*). Son alomorfos de la misma desinencia -íamos (*decíamos*) y -ábamos (*charlábamos*), que sirven para hacer el pretérito imperfecto de indicativo. La raíz del verbo *ser* puede presentar muy diversas formas: s- (*soy*), er- (*eres*), es (*es*), fu- (*fuisteis*). Decimos que estos verbos, como *ser* o *ir* (*iba, vaya, fueseis*), tienen varias bases supletivas o varios lexemas alomorfos.

<table>
<tr><th colspan="5">Clasificación de monemas</th></tr>
<tr><td rowspan="7">Monemas</td><td colspan="4">Lexemas</td></tr>
<tr><td rowspan="6">Morfemas</td><td colspan="3">Libres</td></tr>
<tr><td rowspan="5">Trabados</td><td rowspan="3">Afijos</td><td>Prefijos</td></tr>
<tr><td>Sufijos</td></tr>
<tr><td>Interfijos</td></tr>
<tr><td rowspan="2">Desinencias</td><td>Género y número</td></tr>
<tr><td>Flexión verbal</td></tr>
</table>

3.2 *Segmentación del verbo*

En el verbo podemos encontrar lexema y desinencias. Las desinencias se pueden clasificar en tres grupos:

Desinencias verbales

Vocal temática (VT): muestra el modelo de conjugación del verbo. En el infinitivo aparece como *a, e, i* (*contar, saber, vivir*), aunque muchas veces la segunda y la tercera conjugación presenten la misma VT (*comimos, vivimos*). Solo separamos la vocal temática en la segmentación de una forma verbal. Conviene no confundir las terminaciones del participio *-ado* / *-ido* (*cortada, adherido*) con las que no provienen de un verbo (*cuchillada, recado*).

Desinencia de tiempo, aspecto y modo (TAM): es la que sirve para distinguir las formas verbales que aprendes en la conjugación. Gracias a ellas puedes saber si estás ante un pretérito imperfecto de subjuntivo o ante un condicional simple de indicativo.

Desinencia de número y persona (NP).

No todas las formas verbales muestran estos tres morfemas:

Amáis: am- (lex), -á- (VT), ø (TAM), -is (NP)
Llegábamos: lleg- (lex), -á- (VT), -ba- (TAM), mos (NP)
Comí: com- (lex), ø (VT), -í (TAM), ø (NP)
Escogeréis: escog- (lex), -e- (VT), -ré- (TAM), -is (NP)
Dirían: d- (lex), -i- (VT), -ría- (TAM), -n (NP)
Salid: sal- (lex), -i- (VT), ø (TAM), -d (NP)
Vuelva: vuelv- (lex), ø (VT), -a (TAM), ø (NP)
Remarais: rem- (lex), -a- (VT), -ra- (TAM), -is (NP)
Abrir: abr- (lex), -i- (VT), -r (TAM), ø (NP)
Abierto: abier- (lex), ø (VT), -to (TAM), ø (NP)
Permitiendo: permit- (lex), -ie- (VT), -ndo (TAM), ø (NP)
Habéis estudiado: hab- (lex auxiliar), -é- (VT haber), ø (TAM), -is (NP), estudi- (lex principal), -a- (VT estudiar), -do (TAM), ø (NP)

Habíais decidido: hab- (lex auxiliar), -í- (VT), -a- (TAM), -is (NP), decid- (lex principal), -i- (VT decidir), -do (TAM), ø (NP)

Como puedes ver, en los tiempos compuestos tenemos un lexema auxiliar que ya no aporta significado léxico y puede, por tanto, considerarse parte de la desinencia.

3.3 *Ejercicios*

1. Indica la base de las siguientes palabras.
   a) Corporal, cuerpo, corporación, corpiño
   b) Agua, acuático, acuoso.
   c) Ojo, oculista, ojeriza, ocular.
   d) Huevo, oval, huevecito, ovoide.
   e) Iba, voy, fuiste.
   f) Fraternidad, cofradía, fratricida.
   g) Hierro, herrero, ferroso, ferroviario.
   h) Sueño, soñar, somnolencia.
2. Marca los afijos y las desinencias: futbolista, claros, deidades, comedidas, aunque, reíais, conmovería, adelante, gorilas, lobas.
3. Señala los interfijos: bonachón, glorificar, panadero, fealdad, altanero, adormecer, hojarasca, tiempecito, jugarreta, corredera, movedizo, voltereta, campesino, civilizar, comestible, mahometano, pedigüeño, palidecer, boquear, larguirucho, escupitajo, pegajoso, cagalera.
4. Escribe al menos una palabra con cada alomorfo, como en el ejemplo:
   a) -able: **probable, detestable**. -ible: **temible, increíble**
   b) -ción, -ación, -ición, -isión
   c) -tad, -dad, -edad, -idad
   d) -ante, -ente, -iente
   e) in-, im-, ir-, i-
   f) -ado, -ido, -so, -to, -cho
5. Escribe pares de palabras con la alternancia e/ ie y o/ ue, como *cerrar/ cierro*, *almorzar/ almuerzo*.
6. Segmenta las desinencias de los siguientes verbos en segmentos indicativos de VT (vocal temática), TAM (tiempo, aspecto y modo) y NP (número y persona): habríamos llegado, decíais, ven, dínoslo, diciéndoselo, haber roto, anduviéramos, pintaron, regimos, auxiliaba, hubieran acudido, lleguemos, habiendo escuchado, hube analizado, hubieran proscrito.
7. Busca palabras de la familia léxica de *fruta*, *romper*, *correr*, *traer* y *huevo*.
8. Busca palabras que contengan la base culta *fono* y no sean compuestas.
9. Busca palabras de la familia léxica de *casa*.

4
Formación de palabras: derivación

4.1 Conceptos básicos para la formación de palabras

Nuestra lengua procede de la evolución del latín. Muchas voces latinas han ido cambiando hasta llegar a ser irreconocibles por el hablante. A las bases que el hablante común no reconoce las llamamos **bases opacas**. En el examen de Selectividad no es necesario reconocerlas.

Las bases léxicas que pertenecen a la lengua desde sus inicios han sufrido muchas transformaciones. Por ejemplo, la palabra *oculum* se convirtió en *ojo*. Sin embargo, el médico que se ocupa de los ojos no es un **ojista*, sino un *oculista*. Para fabricar el nombre de este especialista recurrimos a la base latina.

Ojo es una palabra **patrimonial** porque ha sufrido todos los cambios requeridos por la lengua. *Oculista* es un **cultismo**, una palabra formada sobre una base latina que no ha sufrido esas transformaciones. Palabras como *iglesia* o *halcón* son **semicultismos**, porque de *ecclesiam* o *falconem* debería haber surgido **egreja* y **ocón*, pero el proceso, por razones sociales, se quedó a medio camino entre el latín y el castellano. También es un semicultismo *Mérida*, de *Emerita Augusta*, que debía haber dado *mierda* pero, por fortuna, detuvo su evolución.

La lengua tiene varios procedimientos para formar palabras. Los más importantes son la **derivación** y la **composición**. La **parasíntesis** no es en realidad un mecanismo distinto: consiste en aplicar simultáneamente derivación y composición o prefijación y sufijación. También creamos nuevas palabras formando **siglas** y **acrónimos**, por **acortamiento** o **abreviatura**, incorporando **extranjerismos** o incluyendo **onomatopeyas**.

Que una palabra no figure en el diccionario no significa que sea incorrecta: la lengua nos brinda estos procedimientos para que los usemos, para que creemos nuevas palabras que nos ayuden a comunicarnos mejor. En ciertas zonas de Hispanoamérica se usa *infortunadamente* y en España *desafortunadamente*; la primera viene en el diccionario y la segunda no, pero ambas son correctas. *Chupóptero* es una palabra que se inventaron para referirse a las personas que se aprovechan de otras, usando el significado

En *distribuir, tributar, atributo* notamos un aire de familia y, si lo pensamos, concluimos que su raíz es tribu-. Pero, ¿qué tiene que ver el atributo de un predicado con una tribu? Y al menos, en este caso, la palabra *tribu* existe en español, pero ¿qué ocurre en el caso de *preferir, inferir, referir, diferir, proferir, sufrir*? Todas vienen del verbo latino *fero*, que no ha dado en español ninguna palabra simple. *Tribu* y *fero* son bases opacas.

Es importante que no confundas cultismo con palabra culta. Del latín *rapidum* obtenemos dos palabras en español, *raudo* y *rápido*: la primera nos suena más culta, pero es palabra patrimonial; la segunda parece más de andar por casa y, sin embargo, es un cultismo. A veces de la misma base latina obtenemos dos palabras españolas, como ocurre con *clamare*, que da *llamar* y *clamar*, o con *regula*, que da *regla* y *reja*. A eso lo llamamos doblete. Existen incluso tripletes: *abertura, apertura, obertura*.

He leído muchas veces en la prensa el término *burrocracia*, que significaría el gobierno de los burros, para burlarse de los excesos de la burocracia. Aún no viene en el DRAE, pero dale tiempo... A menudo yo digo que no veo determinados programas de televisión porque padezco tontofobia.

metafórico del verbo *chupar* y la terminación -ptero que significa *ala* y se emplea en el nombre de muchos insectos; ahora figura en el DRAE.

Ahora vamos a estudiar cómo se han formado las palabras que usamos y qué mecanismos tenemos para formar otras nuevas.

Embotellar es un verbo denominal, porque parte del nombre *botella*; *alejar* es un verbo deadverbial, porque parte del adverbio *lejos*; *empequeñecer* es un verbo deadjetival, porque parte del adjetivo *pequeño*; *canturrear* es un verbo deverbal porque parte de otro verbo: *cantar*. También hay verbos construidos sobre interjecciones, como *pordiosear*, sobre pronombres, como *tutear* o sobre grupos sintácticos, como *ensimismar*. Algunos profesores explican que estos elementos que usamos para formar una palabra por parasíntesis se llaman afijos discontinuos o circunfijos.

Cuando una palabra no proceda de una anterior diremos que es **primitiva** o **simple**. Cuando una palabra proceda de un nombre diremos que es **denominal**; de un adjetivo, **deadjetival**; de un adverbio, **deadverbial**; de un verbo, **deverbal**.

Una palabra **derivada** se forma con un lexema al que añadimos un afijo. Por eso hay tres tipos de derivación: la **prefijación**, cuando se añade un sufijo; la **sufijación**, cuando se añade un sufijo; la **parasíntesis**, cuando se añade un prefijo y un sufijo simultáneamente (*aflorar*). La parasíntesis que se obtiene añadiendo un lexema y un sufijo simultáneamente (*ropavejero*) supone un caso de composición.

Hay prefijación en *intravenoso*, *deshonesto*, o *coeditar*. Hay sufijación en *razonamiento*, *mordedura* o *probable*. Hay parasíntesis derivativa en aclarar, ensuciar y ralentizar. Decimos que hay parasíntesis cuando añadimos a la vez (esto es lo importante: que sea simultáneamente) algo delante y detrás del lexema para crear una nueva palabra. En estos casos, tanto el prefijo como el sufijo de infinitivo se colocan a la vez, puesto que no existen **clarar*, **suciar* y **lentizar*, ni *un *aclaro* (como palabra independiente, no como forma verbal, con una desinencia determinada), *un *ensucio* (lo mismo) ni *un *ralento*.

4.2 La derivación del nombre

Hay sustantivos deverbales (*lanzamiento*, del verbo *lanzar*), denominales (*panadero*, del nombre *pan*) y deadjetivales (*tristeza*, del adjetivo *triste*).

Según su significado, podemos clasificarlos como sigue.

4.2.1 Nombres de acción y efecto

Reparación es la acción de reparar en *La reparación les llevó dos horas* y el efecto de reparar en *La reparación no me duró ni dos meses*.

Saber que un nombre pertenece a este grupo te puede ayudar a definirlo, pero siempre con prudencia. Por ejemplo, una *rebelión* es la *acción o efecto de rebelarse* (recuerda que, al definir, no puedes usar ninguna palabra de la misma familia léxica que la definida: el diccionario sí puede, porque luego las define todas). Sin embargo, una *relación* no es la *acción o efecto de relatar* en *Mantiene una relación con su primo*. Además, el mismo sufijo puede significar cosas diferentes: por eso *militancia* es la *acción o el efecto de militar*, pero *vagancia* no es la *acción o el efecto de vaguear*, sino la *cualidad del vago*.

Muchos nombres de acción y efecto se forman así:

-aje: reciclaje.

-miento/-mento: reclutamiento, complemento.

derivados de participios: batido, dictado, llamada, comida, muerto, converso.

sufijos -ado, -ido, -ada, -ón: patada, puñado, canallada, empujón, ladrido.

-dura: mondadura, abolladura, rozadura. Ojo, hondura y blandura no son de este grupo: sufijo -ura.

-azo: golpetazo, cañonazo, zurriagazo.

-ción/-ión/-sión/-zón: superación, rebelión, emisión, cerrazón. En el caso de *-xión*, la *x*, que es la unión de una *c* y un *s*, pertenece por igual al lexema y al sufijo: conexión.

-ancia, -encia, -anza: constancia, querencia, mudanza.

4.2.2 Nombres de cualidad, estado y condición

Sinceridad es la cualidad de las personas que dicen la verdad.

Muchos de estos nombres se forman añadiendo:

-ismo: cristianismo, dequeísmo, clasicismo.

-dad, -edad, -idad, -tad: maldad, sequedad, santidad, lealtad.

-ía, -ería, -ia, -ncia: alegría, tontería, eficacia, vagancia.

-ez, -eza, -icia, -icie, -ura, -or, -era: escasez, rareza, justicia, calvicie, frescura, verdor, ceguera.

-tud, -itud, -dumbre, -azgo, -ato, -ado: juventud, esclavitud, incertidumbre, liderazgo, liderato, marquesado.

4.2.3 Nombres de persona agente, instrumento y lugar

-dero, -ero, -torio, -ario: recadero, barrendera (persona), podadera (instrumento), aserradero (lugar), viñatero, callejero, sanatorio, horario. Se puede considerar que en -ndero (barrendero), -atero (aguatero) y -etero (cafetera, alfiletero) se encuentran interfijos -nd-, -at-, -et-.

-dor, -or, -tor: embaucador, pintora, supervisor, directora.

-nte: comerciante (persona), detergente (producto), volante (instrumento), estante (lugar).

-ndo, -ón, -ica, -ota, -eta, -ata, -ato: educando, llorón, quejica, cabezota, gafotas, jubileta, drogata, chivato.

-ista: humanista, caballista, madridista.

4.2.4 Nombres de conjunto, lugar y tiempo

-ada, -ado, -aje, -ción, -miento, -mienta, -mento, -menta: muchachada, alumnado, ramaje, documentación, equipamiento, herramienta, armamento, cornamenta.

-ario, -era, -ero, -ar, -al, -eda, -edo: anecdotario, cristalera, refranero, olivar, arrozal, hayedo, rosaleda.

-iza, -ambre, -dura, -amen: paliza, cochambre (viene de *cocho*, que significa *cerdo*), dentadura, velamen.

-ía, -ería, -erío, ío: policía, poesía, chavalería, frutería, comisaría, cervecería, caserío, griterío, mujerío.

Aunque la NGLE considera dentro de los nombres derivados *consulta, albergue* y *cobijo*, porque señala en ellos un sufijo -a, -e, -o, propio de los nombres de acción y efecto, en este libro no considero que se trate un sufijo, sino que son palabras primitivas y simples de las cuales se derivan los verbos *consultar, albergar* o *cobijar.*

4.3 *La derivación del adjetivo*

Conocer los sufijos que permiten crear un adjetivo es útil, tanto para realizar el análisis morfológico como para definir semánticamente la palabra.

Si identificamos un sufijo habitual en adjetivos pero no podemos identificar una raíz productiva, es mejor que no separemos el sufijo. Por ejemplo, en *ágil, fácil, difícil* o *fértil* encontramos un -il átono (que no debemos confundir con el -il tónico de *servil* o *caciquil*) que viene de un sufijo latino -ilis y que ya no es productivo en español: mejor no lo separamos.

A veces encontramos en el adjetivo una base supletiva. De *cabeza* tenemos *capital*; de *ciudad, cívico*; de *hombre, humano*; de *lomo, lumbar*; de *cuerpo, corporal*; de *luz, luminoso.* Resulta muy habitual que algunas consonantes se alternen, o que cambie el fonema al que se asocian: *voz* y *vocal, agua* y *acuático, noche* y *nocturno, pedagogo* y *pedagógico, cónyuge* y *conyugal, presidente* y *presidencial, paréntesis* y *parentético, génesis* y *genético, diplomacia* y *diplomático.*

4.3.1 *Sufijos para formar adjetivos según la palabra de la que estos se derivan*

A veces el sufijo se apoya en una base opaca, como ocurre en *real* o en *singular.* En estos casos no es preciso que lo separes, salvo que seas capaz de identificar la base. Si la base no existe en español pero es productiva en nuestra lengua sí puedes separarlo. En *natural*, el hablante no conoce la base latina *natura*, pero sí conoce palabras como *naturismo*, sacada de esta base. En casos como *regular*, no siempre es fácil deducir que viene de *regla.* En *paupérrimo*, la base latina, *pauper*, es muy diferente de la española, *pobre*, pero conviene separar el sufijo y señalar la base culta como supletiva.

Adjetivos **denominales**. Aplicando a un nombre los siguientes sufijos obtenemos un adjetivo. -al: *normal*; -ano: *murciano*; -ar: *estelar*; -ario: *bancario*; -ero: *verdadero*; -eño: *madrileño*; ´-ico: *carbónico*; -ista: *fundamentalista*; -ístico: *artístico*; -ivo: *abortivo*; -izo: *cobrizo*; -oso: *misterioso*; -ento: *amarillento*; -iento: *grasiento*; -udo: *orejudo*; -ón: *dentón.*

Adjetivos **deverbales**. Aplicando a un verbo los siguientes sufijos obtenemos un adjetivo. -ble: *loable, aborrecible*; -dero: *perecedero*; -dizo: *asustadizo*; -dor: *desgarrador*; -nte: *militante, complaciente*; -oso: *mentiroso*; -ivo: *abusivo*; -tivo: *comparativo*; -orio: *notorio*; -torio: *acusatorio*; -oso: *apestoso.*

Adjetivos **deadjetivales**. Aplicando a un adjetivo los siguientes sufijos obtenemos un adjetivo. -ísimo: *altísimo*; -érrimo; *celebérrimo*; -oso: *grandioso.*

Adjetivos **deadverbiales**. Aplicando a un adverbio el sufijo -ano obtenemos un adjetivo (*lejano, cercano*).

4.3.2 *Sufijos para formar adjetivos calificativos y relacionales*

Muchos adjetivos **calificativos** se forman añadiendo los siguientes sufijos. -oso: pringoso; -ísimo: pesadísimo; -ento: amarillento; -iento: calenturiento; -udo: confianzudo; -ón: orejón.

Muchos adjetivos de **relación** se forman añadiendo los siguientes sufijos.

´-ico: agónico; -ástico: perifrástico; -ático: reumático; -ístico: novelístico; -ar: familiar; -al: fenomenal; -torio: condenatorio; -orio: ilusorio; -ero: verdadero; -ista: ventajista; -ivo: ofensivo; -tivo: causativo; -sivo: corrosivo; -ante: laxante; -ente: repelente; -iente: descendiente; -ble: rentable, previsible, asumible; -dero: llevadero; -dizo: escurridizo; -oide: trapezoide; -esco: rufianesco; -il: varonil; -izo: quebradizo; -uno: perruno; -icio: alimenticio; ´-eo: arbóreo; -áceo: grisáceo; -áneo: foráneo; -íneo: curvilíneo.

Un amplio grupo de adjetivos de relación son los **gentilicios**, es decir, aquellos que sirven para nombrar a quienes provienen o son originarios de un lugar. Estos sufijos sirven para crear los gentilicios más habituales. -aco: polaco; -ano: riojano; -ata: keniata; -eco: guatemalteco; -ense: nicaragüense; -ego: manchego; -eno: chileno; -eño: extremeño; -eo: europeo; -ero: habanero; -és: maltés; -eta: lisboeta; -í: bengalí; -ín: menorquín; -ino: granadino; -ita: moscovita; -o: lituano; -ol: español; -ino: alcalaíno; -eño: porteño; -eca: tolteca.

Muchos de estos adjetivos se construyen sobre bases supletivas (es decir, sobre un lexema distinto del que usamos para el nombre del lugar del que proceden): el natural de Ávila es abulense, el de Badajoz es pacense, el de Cádiz es gaditano, el de Huelva es onubense, el de Cabra (Córdoba) es egabrense.

También tenemos adjetivos relacionales llamados antropónimos, que sirven para indicar lo relativo a una persona: *kafkiano*, *quevedesco* o *cervantino*.

4.4 *La derivación del adverbio*

La terminación *-mente* que sirve para hacer adverbios fue, en el pasado, un lexema, pero ya ha perdido su significado léxico y hoy la consideramos un sufijo. Los adverbios en *-mente* se forman sobre el femenino de un adjetivo, de modo que conviene separar esa desinencia: *cómod-a-mente*, *rar-a-mente*.

Aunque las palabras que formamos con este sufijo son derivadas, se siguen acentuando como si se escribieran en dos palabras, de modo que ponemos tilde en *fácilmente* y *lánguidamente*, porque *fácil* y *lánguida* llevan tilde, pero no en *atrozmente* o *decididamente*, porque no la llevan *atroz* ni *decidida*.

4.5 *La derivación del verbo*

Cuando consideramos la relación entre *fuga* y *fugar*, *remate* y *rematar*, *remo* y *remar*, ¿el nombre se forma añadiendo al verbo un sufijo -a, -e, -o, o el verbo se forma añadiendo al nombre un sufijo de infinitivo? En estos casos, ¿son derivados los verbos o lo son los nombres? Resulta imposible saber qué es antes, si la gallina o el huevo. De forma convencional, consideraremos que la palabra primitiva es el nombre y la derivada es el verbo. Para nosotros *fugar*, *rematar*, *remar*, *remediar* y *aliviar* son derivadas de *fuga*, *remate*, *remo*, *remedio* y *alivio*. Consideramos a estos nombres palabras simples y no

Algunos proponen averiguar qué palabra nació primero en la lengua, pero este criterio, además de resultar muy difícil, sirve para la morfología sincrónica o histórica, no para la diacrónica. Algunos toman como criterio el DRAE. El DRAE define *remedio* como *medio que se toma para reparar un daño o inconveniente* y *remediar* como *poner remedio al daño*. Luego para el DRAE la derivada es el verbo. Sin embargo en *aliviar* encontramos *hacer menos pesado* y en alivio *acción y efecto de aliviarse*, con lo que la palabra derivada es el nombre.

separamos el sufijo -a, -e, -o. En cambio, al justificar por qué consideramos *fugar* derivado, razonaremos que la desinencia *-ar* funciona también como sufijo derivativo, puesto que sirve para convertir un nombre en verbo.

Para formar un verbo deadjetival, añadimos sobre el adjetivo -ar (*limpiar*), o colocamos alguno de los siguientes interfijos antes del morfema de infinitivo: -e-ar (*vaguear*), -ec-er (*palidecer*), -it-ar (*habilitar*), -iz-ar (*movilizar*). Algunos consideran que -ific- (*santificar*) es un interfijo, pero yo prefiero considerarlo un lexema (viene del verbo *facio* latino), así que para mí palabras como *rectificar, clarificar* o *cosificar* son compuestas.

Para formar un verbo denominal, añadimos sobre el nombre -ar (*remar*), o colocamos alguno de los siguientes interfijos antes del morfema de infinitivo: -e-ar (*trampear*), -ec-er (*favorecer*), -iz-ar (*cristalizar*), -u-ar (*puntuar*).

Para formar un verbo deverbal colocamos alguno de los siguientes interfijos antes del morfema de infinitivo: -ete-ar (*repiquetear*), -it-ar (*dormitar*), -ote-ar (*pisotear*).

Para formar un verbo deadverbial, añadimos sobre el adverbio -ar (*adelantar, encimar*).

Es muy habitual formar un verbo por parasíntesis a partir de adjetivos (*aclarar, engordar, enflaquecer, renovar, reblandecer*), de adverbios (*alejar, acercar*) o de nombres (*acogotar, apedrear, anochecer, aterrizar, empanar, entrampar, ensombrecer, entronizar, apaciguar, desvirtuar, reciclar*).

4.6 *La derivación apreciativa*

Llamamos apreciativos a aquellos sufijos que añaden al significado del lexema una valoración afectiva, o señalan un tamaño mayor o menor. Llevan sufijo apreciativo *amiguete, blandengue, casita, feúcho, fortunón, listillo, pelín, sombrerazo, tipejo.*

Decimos que palabrota se ha lexicalizado porque ha pasado a tener un significado distinto del que parecen sugerir sus componentes, ya que una palabrota no es una palabra grande.

Los apreciativos se emplean en procesos derivativos, aunque generalmente no suelen formar palabras nuevas, salvo los que se han lexicalizado, como *palabrota, pasillo, ventanilla, colilla, maletín* o *cerilla.* Los apreciativos pueden seguir a otros sufijos (*habitacioncita*) y no alteran la categoría de la base, aunque a veces sí cambian su género (*un notición, un novelón*). Varios apreciativos pueden unirse, con el mismo significado (*chiquitín, chiquitito*). Muchas veces aparecen con interfijos (*bravucón, vivaracho, soniquete, bicharraco*).

Los apreciativos pueden ser diminutivos, aumentativos o despectivos. A veces comparten el mismo sufijo: *personajillo* y *narizotas* son despectivos, mientras que *chiquillo* es diminutivo y *ventanota* es aumentativo.

El diminutivo expresa a veces tamaño menor (*puertecita*), pero más a menudo transmite matices emocionales (*¡Es tan rubita!*), intenta influir sobre el receptor (*Conduce despacito, porfa*), aporta un tono infantil *(Mira qué perrito)* o se usa por cortesía *(¿Ha traído usted la tarjetita?)* o para suavizar la conversación *(Presione flojito, por favor, no lo vaya a romper).* También el aumentativo aporta esta afectividad (*Mira qué chavalote tengo; Es majo, pero feote*).

Forman diminutivos -ico (sobre todo en Aragón: *mañico*), -uco (*ventanuco*), -ín (*chavalín*), -ino (*qué riquino*), -iño (propio de Galicia: *pulpiño*), -ejo (*animalejo*), -illo (*potrillo*), -ete (*perrete*). Forman aumentativos -ón (*hombretón, mujerona*), -azo (*platazo*), -ote (*librote*). Forman despectivos -ucho (*medicucho*), -aco (*pajarraco*), -ajo (*chiquitajo*), -astro (*madrastra*), -ato (*cegato*), -orrio (*villorrio*), -orio (*vejestorio*), -orro (*tintorro*), -ute (*franchute*), -ales (*viejales*), -anga (*fritanga*), -ejo (*tipejo*), -uza (*gentuza*), -zuela (*mujerzuela*).

4.7 *Prefijación*

A veces es difícil distinguir si lo que colocamos delante de un lexema es un prefijo u otro lexema, así que algunas palabras pueden ser consideradas derivadas o compuestas, según el criterio que apliquemos. Si la base que añadimos tiene significado gramatical, en español o en latín, es un prefijo; si tiene significado léxico es un lexema. Siguiendo este criterio, consideramos que en *pretemporada, reutilizar* o *anticarro* tenemos palabras derivadas y en *hepatopatía, cardiopulmonar* o *hidroavión* tenemos palabras compuestas. No siempre es fácil marcar la diferencia, de modo que en *bajorrelieve, filocristiano, hipocalórico* o *neogótico* admitimos las dos explicaciones. Ante la duda, consulta el DRAE para comprobar si pone *pref.* o *elem. compos.*

El prefijo *ex* se escribe separado del lexema al que acompaña (*ex presidente, ex primer ministro*). *Anti* a veces aparece con guión (*anti-OTAN*) y a veces formando una palabra con el lexema al que acompaña (*antigolpes*). El prefijo pro-, que aparece en palabras como *prohombre, promover* o *procrear* no debe confundirse con la preposición *pro* (*comité pro derechos humanos*). Entendemos que auto- es lexema tanto cuando significa *a sí mismo* (*autoempleo*), como cuando es el acortamiento de *automóvil* (*autolavado*).

Los prefijos espaciales más productivos son ante- (*anteponer*), circun- (*circunvalación*), endo- (*endocarditis*), entre- (*entretener*), exo- (*exosfera*), extra- (*extraordinario*), infra- (*infravalorar*), inter- (*interponer*), intra- (*intramuscular*), peri- (*perímetro*), re- (*retener*), sobre- (*sobrevalorar*), retro- (*retroalimentado*), sub- (*subterráneo*), super- (*supermercado*), supra- (*suprarrenal*), tras- (*trastienda*), trans- (*transatlántico*). Los prefijos temporales más productivos son ante- (*anteayer*), ex (*ex entrenador*), pos / post- (*posmoderno*), pre- (*preelectoral*). El prefijo aspectual más productivo es re- (*reconsiderar, renovar, reconducir, reacondicionar*).

Es enorme la variedad de prefijos cuantificativos: bi- (*bicameral*), tri- (*trianual*), tetra- (*tetrapléjico*), hepta- (*heptágono*), deca- (*decalitro*), kilo- (*kilogramo*), giga- (*gigabyte*), mono- (*monoplaza*), multi- (*multiuso*), pluri- (*plurilingüe*).

También existen muchos prefijos gradativos: archi- (*archifamoso*), vice- (*vicepresidente*), semi- (*semiesférico*), cuasi- (*cuasicontrato*), infra- (*infrarrojos*), sobre- (*sobrecargar*), ultra- (*ultrarresistente*). El DRAE considera elementos compositivos super- (*superfino*), hiper- (*hipersensible*) e hipo- (*hipoalergénico*), pero pueden analizarse también como prefijos.

Hay prefijos que indican negación: a- (*asexuado*), des- (*desconectar*), dis- (*discapacitado*), in / im / i- (*indecente, imposible, irrenunciable*).

4.8 *Ejercicios*

1. Fíjate en las siguientes palabras: *instruir, destruir, construir, obstruir*. Define *base opaca* y localiza la base opaca que comparten. Identifica los prefijos. Busca otra palabra que se construya sobre esa misma base, pero que no lleve prefijo.

2. Busca la base opaca que se oculta en *civilizar* y escribe varias palabras que se construyan sobre ella. Busca la base supletiva que empleamos en español y escribe ahora varias palabras que salgan de ella.
3. Agrupa por pares las palabras que comparten base (aunque se trate de dos bases supletivas) e indica qué palabras son patrimoniales y cuáles cultismos: *abeja, multitud, palabra, hostigar, ferviente, filial, lácteo, mucho, viejo, directo, hoja, fustigar, parábola, leche, llave, apicultura, hijo, derecho, follaje, hirviente, clave, veterano.*
4. El DRAE no recoge las palabras *pélvico, alante, autoinmune, prepago, inecuación, manipulable* o *viceministro*. Razona si son incorrectas y por qué no figuran en el DRAE.
5. Busca palabras que no figuren en el DRAE pero sean de uso común.
6. Clasifica los siguientes sustantivos en denominales, deadjetivales y deverbales: *kilometraje, crueldad, helada, lodazal, regadera, delgadez, codazo, panadería, valentía, lavadora, locura, atadura, frescor, salida, futbolista.*
7. Señala si estas palabras se han formado por prefijación, por sufijación o por parasíntesis: *desalmado, prevenir, inmoral, quejido, juvenil, extrafino, compadre, engañoso, valor, atontar, felicidad, aniñar, infrarrojo.*
8. Escribe al menos tres nombres de cada una de estas clases que no aparezcan en este libro y se formen con uno de los sufijos mencionados: de acción y efecto, de cualidad, de agente, de instrumento y de lugar.
9. Busca un nombre de acción o efecto con cada uno de los siguientes sufijos: *-aje, -miento, -ada, -dura, -azo, -ción, -ancia, -encia.*
10. Busca un nombre de cualidad, estado o condición con cada uno de los siguientes sufijos: *-ismo, -dad, -ía, -ería, -ia, -ncia, -ez, -icie, -ura, -or, -tud, -ado.*
11. Busca tres adjetivos denominales, tres deverbales y tres deadjetivales.
12. Indica si los siguientes adjetivos son calificativos o relacionales en el uso habitual: *rápido, policial, amable, generoso, hepático, solar, porcino, legal, feliz, interesante, testarudo, católico, neoliberal, revolucionario.*
13. Inventa un contexto en que los adjetivos *amoroso* y *familiar* sean relacionales y otro en el que sean calificativos.
14. Escribe el gentilicio que corresponde a los siguientes lugares: *Afganistán, Alcalá de Henares, Moscú, Buenos Aires, Río de Janeiro (estado), Río de Janeiro (ciudad), Valladolid, Badajoz, Calahorra, Mérida, Cádiz, Andújar.*
15. Señala los apreciativos e indica qué valor aportan:
    a) *No te compres esa casucha, Miguelito.*
    b) *Hábleme despacito, que me pierdo.*
    c) *Con diez euritos me apaño.*
    d) *Qué morenita es mi niña.*
    e) *¿Te has comprado un gatito?*
16. Escribe al menos dos ejemplos con cada uno de los siguientes prefijos: *ante-, circun-, endo-, entre-, exo-, extra-, infra-, inter-, intra-, peri-, re-, retro-, sobre-, sub-, super-, supra-, tras-, a-, des-, dis-.*
17. Distingue los prefijos de las bases compositivas e indica el significado: *ad-, anarco-, angio-, arqueo-, contra-, cromo-, des-, dermo-, equi-, pre-, re-, sub-, trans-, ultra-.*
18. Usa el DRAE para averiguar si *hipotérmico* y *subacuáticos* son palabras compuestas o derivadas. Según el DRAE, ¿cómo es cada una? ¿Podría entenderse de otra forma?

5
Formación de palabras: composición

5.1 *Fundamentos de la composición*

En las palabras compuestas encontramos varios lexemas. Distinguimos entre compuestos propios (*agridulce, árabe-israelí*) y sintagmáticos (*cabeza rapada, coche bomba, ojo de buey*). Las combinaciones de adverbios, preposiciones y conjunciones (*abajo, aunque, debajo, detrás, porque*) no se consideran compuestos porque, según la NGLE, no se reconoce en ellos la independencia gramatical propia de estos. *Conmigo, contigo* y *consigo* tampoco son palabras compuestas, sino grupos preposicionales. Sí son compuestas palabras como *cualquiera, quienquiera* y *dondequiera*. También son compuestas las palabras formadas mediante una base y un numeral (*ciempiés, milhojas*).

Hay muchas **bases compositivas cultas**, latinas o griegas, que usamos en español. En filo-sof-ía tenemos dos bases cultas y un sufijo. Algunas gramáticas consideran que bases cultas como *filo* son prefijos, puesto que pueden añadirse a una base castellana ya existente (*filocristiano, aliadófilo*) y pueden alternarse con prefijos y sufijos (*eurodiputado, ex diputado; germanófilo, germanista*). Otras consideran que se trata de lexemas puesto que dos bases cultas juntas pueden formar una palabra sin ayuda de ningún otro elemento (*cardiólogo*), puesto que una de estas bases puede formar una palabra con ayuda de un sufijo (*cardiaco*) y puesto que algunas bases cultas pueden usarse como palabras en español sin ayuda de otro componente: *fobia*.

Algunas bases se acortan para formar compuestos. De *euro*, acortamiento de *Europa*, obtenemos *europarlamento*. *Tele* es una base compositiva culta en *telescopio*, pero en *telebasura* no encontramos la base compositiva tele-, sino el acortamiento de *televisión*. En *cinéfilo* encontramos el acortamiento de *cinematógrafo*.

Es importante reflexionar acerca de cómo se ha producido la palabra. A veces primero tenemos la derivación y después la composición, como sucede en *cazabombardero*, que viene de la unión del lexema *caza* con la palabra derivada *bombardero*. Cuando la derivación y la composición son simultáneas, consideramos que ha habido un proceso de parasíntesis, como ocurre en *ropavejero, mileurista, quinceañero* o *sietemesino*. En *agridulce* o *rojigualda* se juntan dos adjetivos y recurrimos a una vocal de unión, que tiene un valor fundamentalmente fonético. En *pasamontañas* añadimos el lexema verbal pasa- sobre el plural de *montaña*, así que tenemos composición. Encontramos el mismo proceso en *limpiacristales*. En *autobusero* se han juntado dos lexemas, *auto* (acortamiento de *automóvil*) y *bus*, para formar *autobús* por composición y *autobusero* por derivación: lo mismo sucede en *hispanohablante*. *Malhumorar* puede parecernos parasintética, pero el DRAE incluye el nombre *malhumor*.

El elemento de unión entre los dos lexemas tiende a ser -i- si estos vienen del latín (*boquiabierto, rojiblanco*) y -o- si vienen del griego (*filólogo, cartografía*).

A continuación vamos a dar una lista de formas cultas que usamos para la composición. Cuando preceden a un lexema, algunos autores las consideran prefijos. Más raro es que las consideren sufijos si van tras el lexema.

5.2 *Principales elementos compositivos*

Acua- acui-, acue-: agua (*acuático, acuífero, acueducto*)

Aero-: aire, aéreo (*aerobio, aeródromo*)

Afro-: africano (*afroamericano, afroasiático*)

-agogía: conducción (*pedagogía, demagogia*)

Agri-, agro-: campo (*agrícola, agrónomo*)

-algia: dolor (*lumbalgia, neuralgia*)

Alo-: variación (*alófono, alomorfo;* ojo: *alopecia* no incluye este lexema)

Alti-: alto (*altiplano, altibajo*)

Anarco-: ausencia de poder (*anarcosindicalismo, anarcocomunismo*). En este caso se junta el prefijo de privación an- con la base culta arc-

Andro-, -andria: varón (*andrógino, androfobia, poliandria*)

Anemo-: viento (*anemómetro, anemografía*)

Anfi-: doble (*anfibio*), alrededor (*anfiteatro*) o a ambos lados (*anfipróstilo*)

Angio-: relativo a los vasos sanguíneos o linfáticos (*angiografía, angiología*)

Anglo-: inglés (*anglofrancés, anglófobo*)

Ante-: indica anterioridad en el tiempo o en el espacio (*anteayer, antesala*)

Antropo-, -ántropo: ser humano (*antropocentrismo, antropología, antropófago, filántropo, misántropo*)

Arbori-: árbol (*arboricultura, arboricida*)

Archi-: con nombres indica superioridad (*archidiócesis*) y con adjetivos equivale a *muy* (*archifamoso*). Existen los alomorfos arce-, arci-, arqui- y arz-

Arqueo-: antiguo (*arqueología, arqueoastronomía*)

Astro-: estrella (*astrofísica, astronauta*)

Audi- audio-: sonido (*audífono, audiometría, audiovisual*)

Auto-: a uno mismo (*autoprotección, automático*) o acortamiento de automóvil (*autolavado*)

Baro-, -bara: pesadez o presión atmosférica (*barómetro, barotrauma, isobara*)

Bi-, bis-, biz-: dos o dos veces (*bicéfalo, biangular, bisabuela, biznieto*)

Bio-, -bio: vida (*biología, biopsia, microbio, anfibio*)

Biblio-: libro (*biblioteca, bibliófilo*)

Bradi-: lento (*bradicardia, bradicinesia*)

Cardio-, -cardio/a:

corazón (*cardiopatía, cardiosaludable, taquicardia, pericardio*)

Cefalo-, cefal-, -céfalo: cabeza (*cefalorraquídeo, cefalalgia, braquicéfalo, bicéfalo*)

Centi-: una centésima parte (*centímetro, centilitro*)

Cian-: azul (*cianótico, cianobacteria, cianhídrico*)

Ciber-: relacionado con la informática (*cibernético, ciberespacio*)

Circun-: alrededor (*circunvalar, circunferencia*)

Cito-: célula (*citoplasma, citología*)

Clepto-: robo (*cleptomanía, creptocracia*)

-´cola: que cultiva o cría (*agrícola, avícola*), que vive en un lugar (*cavernícola, arborícola*)

-cracia: gobierno o poder (*talasocracia, burocracia*)

Crio-: frío (*criocirugía, crioterapia*)

Cromo-, cromat-: color (*cromosoma, cromatografía*)

Crono-: tiempo (*cronología, cronómetro*)

Cuadri-, cuadr-, cuadru-, cuatri-: cuatro (*cuádriceps, cuadrangular, cuadrúpedo, cuatrienio*)

-cultura: cultivo (*apicultura, agricultura*)

Dactilo-: dedo (*dactiloscopia, dactilograma*)

Deca-: diez (*decasílabo, decaedro*)

Deci-: una décima parte (*decímetro, decibelio*)

Demo-: pueblo (*demografía, democracia*)

Denti-: diente (*dentífrico, denticonejuno*)

Dermo-, dermato-: piel (*dermoabrasión, dermatología*)

Dodeca-: doce (*dodecaedro, dodecasílabo*)

-´dromo: lugar, estadio (*aeródromo, canódromo*)

Eco-: casa, espacio vital (*economía, ecología*)

Eco-: onda electromagnética, sonido (*ecografía, ecolalia*)

Ecto-: por fuera (*ectoplasma, ectoparásito*)

-ectomía: extirpación (*vasectomía, mastectomía*)

Electro-: electricidad (*electromagnético, electroimán*)

-emia: presencia anormal en la sangre (*glucemia, alcoholemia*)

Endo-: dentro de (*endoscopia, endosfera*)

Entero-, -entero: intestino (*enterocolitis, enteropatía, gastroenteritis*)

Equi-: igual (*equidistante, equivaler*)

Etno-: raza (*etnología, etnografía*)

Euro-: acortamiento de Europa (*eurozona, eurodivisa*)

Fago-, -´fago: comer, que come (*fagocitar, antropófago, necrófago*)

-´fero: que contiene, lleva o produce (*mortífero, somnífero*)

-ficar: convertir en algo, producir (*ramificar, autentificar*)

Filo-, -´filo: amigo o amante de algo (*filosofía, aliadófilo, hispanófilo*)

Fisio-: naturaleza (*fisiológico, fisioterapia*)

Fito-, -´fito: planta (*fitófago, zoófito*)

-´fobo: que odia o siente repulsión (*xenófobo, homófobo*)

Fono-, -´fono: voz (*fonoteca, fonología, audífono, megáfono*)

-forme: con forma de (*cuneiforme, campaniforme*)

-´foro: que lleva (*semáforo, doríforo*)

Foto-: luz (*fotovoltaico, fotofobia*), acortamiento de fotografía (*fotomontaje, fotogénico*)

Franco-: francés (*francófobo, francoitaliano*)

-´fugo: que ahuyenta (*centrífugo, ignífugo*)

-gamia: unión (*monogamia, endogamia*)

Gastro-, gastero-: estómago (*gastrostomía, gastrointestinal, gasterópodo*)

-génesis: origen (*partenogénesis, biogénesis*)

-´geno: que produce algo o que es producido (*patógeno, lacrimógeno*)

-génito: nacido (*primogénito, congénito*)

Geo-: tierra o la Tierra (*geografía, geopolítica*)

Germano-: alemán (*germanófilo, germanobelga*)

Ger-, geronto-: viejo (*geriatría, gerontocracia, gerontología*)

Giga-: mil millones (*gigabyte, gigavatio*)
Gineco-: mujer (*ginecólogo, ginecocracia*)
-ginia: mujer (*misoginia, andrógino*)
Gluco-: glucosa (*glucógeno, glucemia*)
-´gono: ángulo (*polígono, pentágono*)
-´grado: que anda (*plantígrado, digitígrado*)
Grafo-, -´grafo: escritura (*grafología, autógrafo, fotógrafo*)
-grama: escrito, gráfico (*holograma, ecocardiograma*)
Halo-: sal (*halógeno, halófilo*)
Hecto-: cien (*hectómetro, hectolitro*)
Helico-: espiral (*helicóptero, helicoidal*)
Helio-: sol o el Sol (*heliocéntrico, heliograbado*)
Hema-, hemo-, hemato-: sangre (*hemangioma, hemorragia, hematólogo*)
Hemi-: medio (*hemiplejia, hemisferio*)
Hepato-: hígado (*hepatopatía, hepatitis*)
Hepta-: siete (*heptágono, heptaedro*)
Hetero-: diferente, otro (*heterosexual, heterogéneo*)
Hexa-: seis (*hexagonal, hexápodo*)
Hidro-: agua (*hidrólisis, hidroavión*)
Higro-: humedad (*higroscopio, higroscópico*)
Hiper-: superioridad, exceso (*hipertenso, hiperactivo, hipermercado*)
Hipo-: caballo (*hipódromo, hipopótamo*)
Hipo-: debajo de o escaso (*hipotiroidismo, hipoacusia*)
Hispano-: español (*hispanoamericano, hispanosuiza*)
Holo-: todo (*holograma, holoceno*)
Homeo-: semejante (*homeopatía, homeotermo*)
Homo-: igual (*homosexual, homofonía*)
-iatría: parte de la medicina que estudia la curación de (*pediatría, psiquiatría*)
Ibero-, -íbero: de la península Ibérica (*celtíbero, iberorromano*)
Indo-: indio (*indoeuropeo, Indonesia*)
Infra-: inferior, debajo (*inframundo, infravalorado*)
Inmuno-: relacionado con los mecanismos inmunitarios (*inmunodepresor, inmunodeficiente*)
Iso-: igual (*isobara, isomorfo*)
Italo-: italiano (*italorrománico, italogermánico*)
Kilo-: mil (*kilocaloría, kilovatio*)
-landia: sitio de (*Groenlandia, Islandia*)
-latría: adoración (*idolatría, egolatría*)
Leuco-: blanco (*leucocito, leucemia*)
Linfo-: linfa o linfocito (*linfocito, linfopenia*)
Lipo-: grasa (*liposucción, liposarcoma*)
-lisis: disolución (*electrolisis, hidrólisis*)
-lítico: relativo a la piedra (*neolítico, paleolítico*)
lito-, -lito: piedra (*litografía, litotricia, megalito, aerolito*)
-logía: ciencia, disciplina o saber (*filología, mineralogía*)
-´logo: persona versada en algo (*biólogo, paleontólogo*)
-macro: grande (*macrobiótico, macrofiesta*)
-mancia: adivinación (*quiromancia, cartomancia*)
-manía: impulso obsesivo (*toxicomanía, piromanía*) o pasión por algo (*melomanía*)
Masto-: mama (*mastografía, mastodonte, mastectomía*)
Maxi-: muy grande (*maximalismo, maximizar*)
Mega-, megalo-: muy grande (*megalito, megalomanía*) o un millón de veces (*megabyte*)
Meso-: que ocupa el medio (*mesocracia, Mesoamérica*)
Meta-: junto a o después de (*metafísica, metáfora, metátesis*)
-´metro: que mide (*cronómetro, podómetro*)
Micro-: muy pequeño (*microscopio, microbio*), millonésima parte (*microgramo*)
Mili-: una milésima parte (*mililitro, miligramo*)
Mini-: pequeño (*minicasa, minifalda*)
Mio-: músculo (*miocardio, miología*)

Miria-: diez mil (*miriámetro*), innumerables (*miriápodo*)

Mono-: único, solo (*monóculo, monoparental*)

Morfo-, -morfo: forma (*morfología, morfosintaxis, alomorfo, antropomorfo*)

Moto-: movido por motor (*motosierra, motocicleta*)

Muco-: mucosidad (*mucolítico*)

Multi-: muchos (*multinacional, multiuso*)

Narco-: droga (*narcótico, narcotraficante*), sueño (*narcolepsia*)

Necro-: muerto (*necrópolis, necrofagia*)

Nefro-: riñón (*nefrología, nefritis*)

Neumo-: pulmón (*neumología, neumotórax*)

Neuro-: nervio, sistema nervioso (*neurología, neurociencia*)

-nomía: conjunto de normas y leyes (*economía, biblioteconomía*)

Nor-, nord-: norte (*noroccidental, noroeste, nordeste*)

-oide: con forma de (*androide, romboide*)

Oligo-: poco, insuficiente (*oligocracia, oligofrenia*)

Onco-: tumor (*oncología*)

-ónimo: nombre (*antropónimo, pseudónimo*)

Orto-: correcto (*ortografía, ortodoncia, ortodoxia*)

Paleo-: antiguo, primitivo (*paleolítico, paleografía, paleocristiano*)

Pan-, panto-: todo (*paneuropeo, panteísmo, pantocrátor*)

-´paro: que pare (*vivíparo, ovíparo*)

-patía: sentimiento, afección, dolencia (*cardiopatía, telepatía, psicopatía*)

Pato-: dolencia (*patología, patógeno*)

-´pedo: que tiene pies (*palmípedo, cuadrúpedo*)

Penta-: cinco (*pentagrama, pentacloruro*)

Petro-: piedra (*petróleo, petroglifo*)

Piro-: fuego (*pirómano, pirotécnico*)

Pisci-: pez (*piscifactoría, piscicultor*)

-plastia: reconstrucción (*valvuloplastia, rinoplastia*)

Pluri-: muchos (*plurilingüe, pluricelular*)

Podo-, -´podo: pie (*podómetro, podología, miriápodo, pseudópodo*)

Poli-: pluralidad (*polimórfico, politécnico*)

-´poli, -´polis: ciudad (*metrópoli, acrópolis, necrópolis*)

Porta-: la persona u objeto que lleva algo (*portaestandartes, portavasos*)

Proto-: primero (*protozoo, protohistoria*)

Pseudo-: falso (*pseudópodo, pseudointelectual*)

Psico-: alma, psique (*psicología, psicópata*)

Ptero-, -´ptero: ala (*pterodáctilo, helicóptero, hemíptero*)

Quimio-: relacionado con la química (*quimioterapia, quimiorreceptor*)

Radio-: radiación (*radioterapia, radioactividad*)

Retro-: hacia atrás (*retroalimentar, retrovisor*)

Rino-: nariz (*rinoplastia, rinoscopia*)

-rragia, -rrea: flujo (*hemorragia, verborragia, verborrea, amenorrea*)

Sarco-: carne (*sarcoidosis, sarcófago*)

-scopia: examen que se hace mirando (*endoscopia, gastroscopia*)

-scopio: instrumento que se usa para examinar (*fonendoscopio, periscopio*)

Semi-: medio o casi (*semifijo, semiabierta*)

Sero-: suero (*serología, seropositivo*)

Sobre-: superposición (*sobretodo*), intensificación (*sobrehumano*), acción repentina (*sobrecoger*), exceso (*sobreestimular*)

Servo-: sistema auxiliar (*servodirección, servofreno*)

Socio-: social (*sociología, sociópata, sociocultural*)

-stático: que está en equilibrio (*electrostático*), que detiene (*hemostático*)

-stato: que mantiene en equilibrio (*termostato*)

-stomía: acción o efecto de abrir un agujero permanente (*traqueostomía, gastrostomía*)

Super-: por encima de (*superficial*), que destaca por excelente

(*superdotado*), en grado sumo (*superabundante*), en exceso (*superproducción*)
Supra-: por encima de (*suprarrenal, supraterrenal*)
Sur-, sud-: sur (*sureste, suroeste, Sudáfrica, Sudamérica*)
Tanato-: muerte (*tanatorio, tanatoestética*)
Tardo-: tardío (*tardogótica, tardorrománica*)
-teca: lugar donde se guarda algo (*biblioteca, discoteca*)
-tecnia: técnica (*mercadotecnia, pirotecnia*)
Tecno-: técnica (*tecnología, tecnócrata*)
Tele-: a distancia (*teleoperador, televisión*)
Tele-: acortamiento de televisión (*telebasura, telespectador*)
-terapia: tratamiento (*crioterapia, inmunoterapia*)
Termo-, -termo: temperatura (*termómetro, termorregulado, isotermo, hipotermia*)
Tetra-: cuatro (*tetraedro, tetrasílabo*)
-tomía: corte (*traqueotomía, lobotomía*)
Topo-, -topo: lugar (*topografía, topónimo, biotopo, cronotopo*)
Tri-: tres (*triángulo, tridimensional*)
-trofia: alimentación (*hipertrofiado, atrofia*)
Turbo: motor (*turboalimentado, turborreactor*)
Ultra-: más allá (*ultramar, ultracongelado*), en exceso (*ultraconservador, ultrarreligioso*)
-valente: indica la valencia (*monovalente, tetravalente*)
Vice-: que hace de (*vicepresidente, vicerrector*)
Vídeo-: relativo a la imagen (*videoanimación, videoaficionado*)
-´voro: que come (*carnívoro, insectívoro*)
Xeno-: extranjero (*xenófobo, xenoglosia*)
Xero-: seco (*xerófilo, xerografía*)
Xilo-: madera (*xilófago, xilófono*)
Zoo-, -zoo: animal (*zoológico, zootecnia, protozoo, antozoo*)

5.3 *Ejercicios*

1. Señala las bases que forman las siguientes palabras compuestas. Explicita qué bases son cultas: *guardabosques, pesticida, bocacalle, cardiovascular, neologismo, morfosintáctica, oxigenoterapia, agricultura, vitrocerámica, cibercampaña.*
2. Explica las razones por las que *hidroavión* puede ser considerada palabra compuesta y las razones por las que puede ser considerada derivada.
3. En las siguientes palabras observamos un proceso de derivación y otro de composición. Explica en qué orden se han producido y razona si hay parasíntesis: *socioeconómico, hojalatero, italo-germánico, democráticamente.*
4. Usando la lista de elementos compositivos, razona el significado de las siguientes palabras a partir de su etimología: *pseudología, gastrostomía, xenofobia, rinoplastia, leucopenia, quiromancia, tanatoestética, oligocracia, oligofrénico, helicóptero.*
5. Intenta relacionar estas palabras con algunos de los elementos compositivos anteriores: *paciente, necrosis, holismo, críptico, androide, Pangea, hipertrofia.*
6. Usando internet, indica de dónde proceden *cianuro, cianótico, cianita, aciano.*
7. Inventa tres neologismos empleando prefijos, sufijos y elementos compositivos. Explica qué significan.
8. El fenómeno llamado etimología popular consiste en que el hablante confunde voces que suenan parecidas y mezcla sus significados. Mira el DRAE y explica por qué algunos hablantes dicen que **se destornillan de risa* o que **la medida no surgió efecto.*

6
Otros procedimientos de formación de palabras

6.1 Parasíntesis

La parasíntesis es un proceso en el que se forma una palabra nueva añadiendo simultáneamente algo delante y detrás de un lexema. Aunque la estudiamos en derivación y composición, vamos a incluirla también aquí por si tu profesor la considera un proceso distinto, y también para sistematizar lo que ya hemos explicado. Ese algo que añadimos al lexema puede ser:

1. Un prefijo y un sufijo, con o sin interfijo, que sirven para crear un verbo: *a-torment-ar, en-trist-ec-er, en-tron-iz-ar, a-naranj-ado.* Cuidado con estas, porque a veces decís que existe *atormento* como palabra previa a *atormentar* y no os dais cuenta de que es la misma palabra, con una desinencia distinta.
2. Un lexema y un sufijo: de *año, quince-añ-ero*; de *ropa* o de *viejo, ropa-vej-ero*; de *euro, mil-eur-ista.* No existen **añero,* ni **vejero,* ni **eurista,* ni tampoco **quinceaño,* **ropaviejo* o **mileuro.* Incluimos en este grupo aquellos en los que ejerce de sufijo un morfema de formación verbal, como ocurre en *machihembrar.* La composición y la derivación se realizan de forma simultánea.

Solo el primer procedimiento es productivo: existen muy pocos ejemplos del segundo, y suelen ser palabras de poco uso, como *casquimuleño, capigorrón* y *sanjuanada.*

No considero parasintéticas palabras que se construyen sobre un lexema al que se le ha añadido una marca de plural, como *paraguas, limpiacristales* y *pasamontañas,* puesto que consideramos que *montañas* no es una palabra derivada de *montaña,* sino la misma, una con la desinencia de singular (ø) y otra con la de plural (-s). Por tanto no existen dos procesos simultáneos: solo hay uno.

La NGLE es ambigua con palabras como *quinceañero, ropavejero* o *mileurista.* Si leemos 1.5.o o 11.3.d llegaremos a la conclusión de que considera estas palabras parasintéticas. Sin embargo, en 11.3.e parece considerar que solo hay parasíntesis cuando formamos un verbo usando un afijo discontinuo y, de hecho, en el capítulo que dedica a la parasíntesis solo aborda estos casos.

6.2 *Siglas y acrónimos*

Llamamos siglas a las palabras formadas por las letras iniciales de varias palabras: RTVE significa *Radio Televisión Española* y UCM significa *Universidad Complutense de Madrid*. A veces tomamos las iniciales de las palabras en otra lengua, como hacemos en Unesco (United Nation's Educational, Scientific and Cultural Organization) y otras en español: decimos OMS (Organización Mundial de la Salud) y no WHO (World Health Organization).

Las siglas son invariables en plural, así que escribimos dos ONG y cuatro CD, aunque podamos pronunciarlo de otra forma. Se escriben sin puntos tras cada letra, salvo que figuren en un texto escrito enteramente en mayúsculas (MEMORIA DE LA O.N.U.).

Las siglas que se pueden leer tal y como se escriben se llaman también **acrónimos**. Algunos acrónimos se han integrado en la lengua como una palabra con una estructura silábica normal: *sida, ovni*. A veces los hablantes olvidan que la palabra que usan es un acrónimo, como ocurre con *radar* (**Ra**dio **D**etection **a**nd **R**anging) o *láser* (**L**ight **A**mplification by **S**timulated **E**mission of **R**adiation). En los acrónimos de más de cuatro letras que se refieran a un nombre propio solo escribimos con mayúscula la inicial: Unicef.

También son acrónimos las unidades léxicas que se han formado mediante la unión de distintos segmentos de varias palabras (*Mercado Común del Sur* > *Mercosur, María Luisa* > *Marisa, frontón* + *tenis* > *frontenis*).

De estas palabras podemos obtener otras por derivación (de ETA, *etarra*; de *sida, sidoso*) o composición (*laserterapia, ufólogo*).

Ante una sigla que empiece por *a* tónica no cambiamos el artículo femenino. Así que decimos *el águila* y *la AMPA* (Asociación de Madres y Padres de Alumnos): *el hampa* es otra cosa.

6.3 *Acortamientos y abreviaturas*

Se trata de otros dos procedimientos de formación de palabras. En el **acortamiento** reducimos el significante, conservando su significado y su categoría gramatical: *televisión* > *tele, cinematógrafo* > *cine, metropolitano* > *metro, cromolitografía* > *cromo*. Si la reducción se produce al principio la llamamos aféresis (*Guadalupe* > *Lupe*), si se produce en el medio síncopa (*masticar* > *mascar*) y si se produce al final apócope (*Guillermo* > *Guille*).

En las **abreviaturas** solo reducimos el significante en el plano gráfico, pero no en el fónico: seguimos leyendo la palabra igual. Es lo que ocurre con *Sr.* (*señor*), *Avda.* (*avenida*) o *suf* (*sufijo*).

6.4 *Extranjerismos*

El léxico español procede principalmente del latín. Desde sus orígenes, nuestra lengua tomó palabras del griego (*lepra*), de voces prerromanas (*vega*), de las lenguas germánicas (*robar*) o del árabe (*alfombra*). También se tomaron palabras de las otras lenguas peninsulares (del catalán *paella*, del vasco *izquierdo*, del gallego *morriña*) y de las lenguas americanas precolombinas (*tiburón, patata, cacao*). Todas las lenguas que entran en contacto con el español le prestan algunos vocablos: el italiano (*novela*), el francés (*menaje*), el portugués (*mermelada*). En la actualidad, la lengua de la que tomamos más palabras es el inglés (*mobbing, shorts, rugby*). No analizamos morfológicamente los extranjerismos: nos limitamos a señalar la base.

Clasificación de los extranjerismos	
Préstamos	Se han adaptado a nuestras normas ortográficas y fonéticas (*garaje, fútbol*).
Calcos	A significantes españoles que ya existen se les suman significados de otras lenguas (así ocurre en *ejecutivo agresivo* o en el uso de *periférico*, para referirse a un dispositivo informático). También son calcos las traducciones textuales de otra lengua (*guardacostas, baloncesto, rascacielos*).
Xenismos	Mantienen la escritura y la pronunciación aproximada de otras lenguas (*pizza, lunch, boutique*).
Formas híbridas	*Puenting, windsurfista.* A veces se toma la escritura de la otra lengua, pero se pronuncia mezclando la pronunciación original con la española (*WIFI*, incluido en el DRAE como *wifi*).

6.5 *Onomatopeya*

A veces una palabra proviene de la imitación de un sonido: *quiquiriquí, zigzag, tic, zas…*

6.6 *Ejercicios*

1. Escribe un verbo formado por parasíntesis según el ejemplo:
   a) a + adjetivo + ar: **aclarar**
   b) a + adverbio + ar
   c) a + nombre + ar
   d) a + nombre + e + ar
   e) a + nombre + ec + er
   f) a + nombre + iz +ar
   g) en + adjetivo + ar
   h) en + adjetivo + ec + er
   i) en + nombre + ar
   j) en + nombre + e + ar
   k) en + nombre + ec + er
   l) en + nombre + iz + ar
   m) des + nombre + ar
   n) re + nombre + ar
   ñ) re + adjetivo + ar

o) re + adjetivo + ec + er

2. Consulta el DRAE y razona si existe parasíntesis en las siguientes palabras: *menoscabar, misacantano, cadañero, cagaprisas, rompecorazones.*
3. Averigua el origen de la palabra *módem* y relaciónala con otras explicadas en este libro.
4. Razona si en palabras como *cantamañanas* o *limpiafondos* hay parasíntesis.
5. Busca el significado de Conadep, Fundéu y Udyco. Explica cómo se han formado y di si son acrónimos. ¿Por qué las he escrito con minúsculas, salvo la inicial?
6. Busca acrónimos que se hayan convertido en palabras comunes y explica su significado.
7. Explica el proceso de formación de *telemática* y *euríbor*.
8. Explica cómo se han formado las siguientes palabras: *anfeta, bibe, chuche, compi, estéreo, electro, finde, fonendo, foto, hetero, kilo, metro, micro, mili, moto, munipa, peli, pelu, peque, porfi, presi, urba.*
9. Clasifica los siguientes extranjerismos en préstamos, calcos, xenismos y formas híbridas: *eslogan, balompié, suéter, boicot, parking, baguette, guachimán, paparazzi, gourmet, blog, fútbol, jazz, búnker, fin de semana, esmoquin, paraíso fiscal, marketing, ping-pong, los sin techo, sándwich, escúter, espanglish, scooter, share, croissantería, kayak, amateur, cazatalentos, efecto invernadero, boom, camping, blanqueo de dinero, cuenta atrás, footing, running, graffiti, tifossi.*
10. ¿Qué tienen en común las palabras *zumbar, cacarear, piar, crac* y *tic*? Busca otras que se hayan originado de forma similar.
11. Vuelve a escribir las siguientes expresiones, sin extranjerismos:
    a) Documentos a incluir.
    b) Vuelos domésticos.
    c) Lo decidimos en base al informe.
    d) Han reportado cambios en el gobierno.
    e) Se financiaron por crowdfunding.

7
Análisis morfológico

7.1 El análisis morfológico sincrónico

Vamos a realizar un análisis morfológico sincrónico. Eso significa que no manejaremos documentos históricos para saber qué palabra se originó primero, sino que razonaremos cómo manejamos en español las piezas que nos permiten producir nuevas palabras.

Para realizar este análisis tendremos en cuenta tres conceptos importantes: la sustitución, la recurrencia y la productividad.

Por **sustitución** entendemos la capacidad de un monema para ser cambiado por otro de funcionamiento similar. Un monema que puede sustituirse es una pieza dotada de autonomía; por ejemplo, en *retraer* sé que re- es un prefijo porque puedo sustituirlo por otros prefijos: *contraer, distraer, extraer.*

Por **recurrencia** entendemos la capacidad que tiene un monema para ser usado en otras palabras. Por ejemplo, en *retraer* sé que re- es un prefijo porque puedo usarlo también en *reconsiderar, reconducir, reestructurar.*

Por **productividad** entendemos la capacidad que tiene un monema para seguir formando nuevas palabras. El prefijo re- me sirve para formar palabras que no vienen en el DRAE: *recolocar, reinstaurar.* Algunos morfemas ya no son productivos, como -anza en *templanza* o en *bonanza,* lo que no nos impide separarlos de su base, que los relaciona con *templado* y con *bondad.* El sufijo de formación de diminutivos latino ´-culo ya no es productivo en la lengua común, pero sí en la culta o la científica: de ahí palabras como *homúnculo* o *corpúsculo.*

Los derivativos productivos nos permiten crear muchas nuevas palabras. Sobre *estabilizar,* añadiendo el prefijo des- formamos *desestabilizar*: ambas palabras están recogidas en el DRAE. El DRAE recoge la palabra *habilitar,* pero no *deshabilitar.* Eso no quiere decir que se trate de una palabra incorrecta: el prefijo des- es tan productivo que el DRAE no puede recoger todas las palabras que creamos con él. Curiosamente el DRAE recoge *actualizar* y *desactualizado,* pero no *desactualizar.*

Para realizar un análisis morfológico seguimos los siguientes pasos:

1. Identificamos la base o las bases. Las bases deben ser palabras que existen en español o raíces cultas. Al mencionar la raíz culta no te preocupes por la terminación, puesto que el español carece de casos y sus terminaciones verbales son distintas: puedes elegir la terminación latina o escribirla con la forma que presenta en el lexema.
2. Describimos uno a uno los procesos de formación de palabras indicando qué monemas intervienen en cada uno, cómo se llama el proceso y qué categoría de palabra produce.
3. Señalamos las desinencias y, en caso de los verbos, las segmentamos.

Aplicando estos criterios a veces podremos llegar a bases opacas.

Aunque los exámenes oficiales no piden llegar tan lejos, estoy firmemente convencido de que se trata del mejor ejercicio para que un alumno reflexione sobre su propia lengua y adquiera una competencia lingüística plena.

Por ejemplo, cuando tenemos *reducir* sabemos que no existe **ducir*, pero no podemos cerrar los ojos ante el hecho de que existan *conducir, inducir, abducir, introducir, traducir, aducir, reconducir, deducir, producir, educir, seducir*, formados con prefijos muy productivos. Acabamos de aplicar el criterio de sustitución. Por el criterio de recurrencia ya hemos probado que re- es un prefijo. Por tanto, aunque *duc* es una base opaca, que aparece en palabras como *duque*, recomiendo que la señales. A menudo se dice que este análisis es diacrónico, pero no es cierto. La sustitución y la recurrencia son mecanismos puramente sincrónicos.

7.2 *Ejemplos*

Puede explicarse que *político* viene de la base culta *polis* y el sufijo -ico, para relacionar la palabra con *policía* o *cosmopolita*.

Apoliticismo:

Base: político (nombre o adjetivo).
Derivación: a- (pref), -político (lex); adjetivo.
Derivación: apolitic-, -ismo (suf); nombre.

Te preguntarás por qué digo que *machihembrar* es parasintética y *psicopatía* derivada, cuando parece que en ambos casos añadimos a la vez algo delante y detrás del lexema. En realidad, funcionan de forma diferente. En *machihembrar*, tenemos dos palabras que ya existen en español, los lexemas *hembra* y *macho*, y que no pueden unirse sin poner a la vez un sufijo, en este caso, de formación verbal. En *psicopatía* también juntamos dos bases que no pueden funcionar juntas salvo que les añadamos un sufijo, pero ni *psico* ni *pat* existen en español. Cuando a dos bases cultas o a dos elementos compositivos les añadimos un sufijo, no consideramos que se trate de un caso de parasíntesis, sino de composición.

Machihembrar:

Bases: macho, hembra.
Parasíntesis: mach- (lex), -i- (vocal de unión de valor fonético), - hembr- (lex), -ar (suf, des); verbo.

Psicopatía:

Bases cultas: psico, pati- (o patior).
Composición: psico- (lex), -pat- (lex), -ía (suf); nombre.

Enturbiarían:

Base: turbio (adjetivo).
Parasíntesis: en- (pref), -turbi- (lex), -ar (suf, des); verbo.
Segmentación verbal: enturbi-, -a- (VT), -ría- (TAM), -n (NP).

Mileurista:

Bases: mil (nombre), euro (nombre).
Parasíntesis: mil- (lex), -eur- (lex), -ista (sufijo); nombre.

Destronamiento:
Base: trono (nombre).
Parasíntesis: des- (pref), -tron- (lex), -ar (suf, des); verbo.
Derivación: destron-, -amiento (sufijo); nombre.

Santificación:
Bases: santo (adjetivo), fac / fec / fic (bases supletivas de *hacer*).
Composición: santi- (lex), -fic- (lex), -ar (suf, des); verbo.
Derivación: santific-, -ación (suf); nombre.

Homosexual:
Bases: homo (base culta), sexo (nombre)
Derivación: sexu- (lex), -al (suf); adjetivo.
Composición: homo- (lex), -sexual; nombre o adjetivo.

Inminencia:
Base: inminencia (nombre; palabra simple).

En *inminencia* podemos distinguir el prefijo in- y el sufijo -encia. *Min* es una base oculta que procede del verbo latino *mino* (amenazar).

Desempotrar:
Base: potro (nombre).
Parasíntesis: em- (pref), -potr- (lex), -ar (suf, des); verbo.
Derivación: des- (pref), -empotrar; verbo.

Disminución:
Base: minus / menos (adverbio).
Parasíntesis: dis- (pref), -minu- (lex), -ir (suf, des); verbo.
Derivación: disminu-, -ción (suf); nombre.

A veces podemos considerar que una palabra parte de una base culta, o bien que la raíz que vemos en ella nos remite a una base supletiva (esas bases que se alternan, como ocurre en el verbo *ser* con *soy, fui, era*). Por ejemplo, en *disminuir*, podemos considerar que tenemos una base culta *minus* o una base supletoria *minus* que se alterna con *menos*: en el primer caso, diríamos que *disminuir* es palabra simple, puesto que no podríamos justificar que proceda de una palabra española previa; en el segundo, que es parasintética. Yo prefiero la segunda solución. Lo mismo ocurriría con *desvirtuar*.

Nacionalismo:
Base: nacer (verbo).
Derivación: nac- (lex), -ión (suf); nombre.
Derivación: nacion-, -al (suf); adjetivo.
Derivación: nacional-, -ismo (suf); nombre.

Gastrointestinal:
Bases: gastro (culta), intestino (nombre).
Derivación: intestin- (lex), -al (suf); adjetivo.
Composición: gastro- (lex), -intestinal; adjetivo.

Empuñaduras:
Base: puño (nombre).
Parasíntesis: em- (pref), -puñ- (lex), -ar (suf, des); verbo.
Derivación: empuñ-, -adura- (suf), -s (des); nombre.

Aterrorizábamos:
Base: terror (nombre).
Parasíntesis: a- (pref), -terror- (lex), -iz- (interf), -ábamos (suf, des).
Segmentación verbal: aterroriz-, -á- (VT), -ba- (TAM), -mos (NP).

Terror puede relacionarse con *terrible* e *impertérrito*. No separamos el sufijo -or porque la base culta *terr* no resulta localizable para el hablante común.

Hospitalización:
Base: hospital (nombre).
Derivación: hospital- (lex), -iz- (interf), -ar (suf, des).
Derivación: hospitaliz-, -ación (suf); nombre.

Puede explicarse que sobre el latín *hospitem* (*huésped, visita*), se construye la palabra añadiendo el sufijo -al. Así puede relacionarse con *hostal, hotel* u *hospedar*, en las que encontramos las bases supletivas host, hot, hosp.

Soleados:
Base: sol (nombre).
Derivación: sol- (lex), -e- (interf), -ar (suf, des); verbo.
Derivación: sole-, -ad- (suf), -os (des); adjetivo.

Ciempiés:
Bases: cien (nombre), pie (nombre).
Composición: ciem- (lex), -pie- (lex), -s (des); nombre.
Homogéneo:
Bases cultas: homo, gen / gene / genit.
Composición: homo- (lex), -gene- (lex), -o (des); adjetivo.

Consejos útiles para ciertos grupos de palabras. Cuando segmentes una palabra terminada en **-or**, reflexiona si puedes encontrar una base anterior a la que añadir este sufijo. Por ejemplo, en *amor, sabor, temor, temblor* o *dolor* puedes explicar que la base es el verbo correspondiente, *amar, saber, temer, temblar, doler*. En *frescor* puedes decir que es el adjetivo *fresco*. Pero en *rencor* no puedes encontrar una base previa y en *terror* no siempre resulta fácil relacionar el vocablo con *terrible* o *impertérrito*. En estos dos casos lo mejor es no dividir la palabra y considerar que las bases son *rencor* y *terror*.

Atemorizadora:
Base: temer (verbo).
Derivación: tem- (lex), -or (suf); nombre.
Parasíntesis: a- (pref), -temor-, -iz- (interf), -ar (suf, des); verbo.
Derivación: atemoriz-, -ador (suf), -a (des); adjetivo.
Temblorosamente:
Base: temblar (verbo).
Derivación: tembl- (lex), -or (suf); nombre.
Derivación: temblor-, -os- (suf), -a (des); adjetivo.
Derivación: temblorosa-, -mente (suf); adverbio.
Coloreados:
Base: color (nombre).
Derivación: color- (lex), -e- (interf), -ar (suf, des). Verbo.
Derivación: colore-, -ad- (suf), -os (des). Adjetivo.
Adolecer:
Base: doler (verbo).
Parasíntesis: a- (pref), -dol- (lex), -ec- (interf), -er (suf, des); verbo.

Vigor es una palabra simple. Aunque el alumno desconozca la raíz latina *vigere*, conviene que relacione la palabra con *vigente* o *vigía*.

Vigor:
Base: vigor (nombre).
Enamorados:
Base: amar (verbo).
Derivación: am- (lex), -or (suf); nombre.
Parasíntesis: en- (pref), -amor-, -ar (suf, des); verbo.
Derivación: enamor-, -ad- (suf), -os (des); nombre o adjetivo.

A veces no es sencillo determinar la base. Si te sale *barquero*, ¿deriva de *barco* o de *barca*? Resulta indiferente. Eso sí, en los casos en los que tenemos una oposición del tipo *cesta-cesto*, conviene separar -a / -o como sufijos formadores de nombres, ojo, no como desinencias.

Cestería:
Base: cesta o cesto (nombre).
Derivación: cest- (lex), -ería (suf); nombre.
Barquero:
Base: barca o barco (nombre).
Derivación: barqu- (lex), -er- (suf), -o (des); nombre.
Converso:
Base: verter (verbo).
Derivación: con- (pref), -vert- (lex), -ir (des); verbo.
Derivación: conver-, -s- (suf), -o (des); adjetivo o nombre.

La división de los adjetivos provenientes de **participios** verbales suele ser complicada. Recuerda que los participios terminan en -ado, -ido, -so, -to, -cho. Puesto que la vocal final es la desinencia de género y número, en los últimos casos te quedará solo una consonante como sufijo formador de adjetivos.

Corrupto:
Base: romper (verbo).
Derivación: co- (pref), -rromp- (lex), -er (des); verbo.
Derivación: corrup-, -t- (suf), -o (des); adjetivo.
Lácteo:
Base: lact / leche (nombre).
Derivación: lact-, -e (suf), -o (des); adj.

Afortunado:
Base: fortuna (nombre).
Parasíntesis: a- (pref), -fortun- (lex), -ar (suf, des).
Derivación: afortun-, -ad- (suf), -o (des); adjetivo.

Desvelos:
Base: velo (nombre).
Derivación: vel- (lex), -ar (suf, des); verbo.
Derivación: des- (pref), -velar; verbo.

Desvelamiento:
Base: vela (nombre).
Derivación: vel- (lex), -ar (suf, des); verbo.
Derivación: des- (pref), -velar; verbo.
Derivación: desvel-, -amiento (suf); nombre.

Disminuido:
Base: minu (supletiva de menos, adverbio).
Parasíntesis: dis- (pref), -minu- (lex), -ir (suf, des); verbo.
Derivación: disminu-, -id- (suf), -o (des); adjetivo.

Compuesto:
Base: poner (verbo).
Derivación: pues- (lex), -t- (suf), -o (des); adjetivo.
Derivación: com- (pref)- puest-, -o (des); adjetivo.

Contrahecho:
Base: hacer (verbo).
Derivación: he- (lex), -ch- (suf), -o (des); adjetivo.
Derivación: contra- (pref), -hecho; adjetivo.

Desvirtuadas:
Base: virtu / virtud (nombre).
Parasíntesis: des- (pref), -virtu- (lex), -ar (suf, des); verbo.
Derivación: desvirtu-, -ad- (suf), -as (des); adjetivo.

A veces dos palabras se escriben del mismo modo aunque tengan raíces distintas. Ese fenómeno, llamado **homonimia**, ocurre con *desvelado*, que puede venir de *vela* (de *vigilia*, una palabra que no tiene que ver con las velas de un barco) o de *velo*. Así que, si *desvelado* significa *que no puede dormir*, viene de *vela*, mientras que, si significa *descubierto tras estar oculto*, viene de *velo*.

Se puede reflexionar sobre la base latina vir (*hombre*), sobre la que se construye *virtud*.

Palabras cuya relación nunca habrías sospechado.

Muchas palabras que vienen de la misma raíz han evolucionado de forma tan diferente que cuesta reconocer su origen común. ¿Se te habría ocurrido que *cabeza, capítulo, cabildo, capitán, caudal, capilla, caudillo, bíceps, cadete, decapitar, capital, capitolio* y *jefe* tienen un origen común? Todas ellas vienen del latín *caput/capitis*, que significa *cabeza*. No tenemos aquí espacio para desarrollar un curso de etimología, pero si investigas sobre ellas comprobarás que la lengua se convierte en un rompecabezas mágico lleno de creatividad y de imaginación.

7.3 Ejercicios

1. Razona cómo podría justificarse que -ble es un sufijo en *deleble* aunque no conozcamos el verbo latino *deleo*.

2. Para probar la recurrencia de los sufijos -izo y -ncia busca palabras que los contengan.
3. Decíamos que -´culo es un sufijo poco productivo, pero que lo fue mucho en el pasado. Busca palabras de uso actual que lo lleven.
4. Busca en internet cómo se han formado las palabras *cerrojo* y *sabihondo*. ¿Cómo se llama el fenómeno etimológico que han experimentado?
5. Explica qué tienen en común las palabras *daño*, *indemne* y *condenar*.
6. Explica qué relación hay entre *inhumar* y *ahumar*, y entre los *botines* que se calzan y el *botín* que obtienen los piratas.
7. Analiza morfológicamente: *incorporación, radar, cine, eurocracia, abultamiento, prerrománico, ensilladas, sobremesa, rompecabezas, reblandecimiento, pendrive, enloquecimiento, golpetazo, melonares, licántropo, polinomio, peneuvista.*
8. Las palabras *fragor*, *naufragio*, *fragoso*, *fractura* y *refractario* provienen de una raíz latina común. Averigua cuál e intenta deducir el significado de estas palabras en función de los afijos que presentan. Sin embargo, la palabra *fragancia*, que presenta un lexema igual, tiene otro origen: averigua cuál.
9. Averigua si las siguientes palabras forman familia léxica y justifica tu respuesta: *vigor, vigente, vigía, vigilancia, vigilia, vela.*
10. Analiza morfológicamente: *interventor, edulcorado, amargor, coliflor, desgarrador, pavorosamente, agrimensor, error, espesor, compresor.*
11. Analiza morfológicamente: *confuso, dispuestas, cubierto, imprimido, deshecho, interrumpido, conducto, recurso, difusión, muerto.*
12. Busca otra palabra de la misma familia léxica que la subrayada y construye con ella una oración.
    a) Rechazaron el recurso de casación.
    b) El martes se realizará el casamiento.
    c) El perro movía la cola.
    d) Pegó la silla con cola.
    e) Entre las sierras se abría una hoz.
    f) Segaba el trigo con la hoz.
13. Señala la base de las siguientes palabras: puerto, portuario, huerto, hortaliza, delito, delictivo, oír, auditivo, dudar, dubitativo

8
Soluciones

8.1 Clases de palabras o categorías

1. En cursiva las variables.
   a) *El hombre bajo gritaba* muy alto.
   b) *Trabajar* duro *es* muy *duro.*
   c) *Movió la frente* hacia *la acera* de enfrente.
   d) *Te quiero* bastante pero *bastantes veces me fatiga* bastante *tu insistencia.*
   e) A pesar de (loc. prep.) *todo me llena* de *pesar su ausencia.*
2. En cursiva, adverbio (equivale a **más bien* o **más mal*); subrayado, adjetivo (equivale a **más bueno* o **más malo*); en negrita, nombre (admite determinante).
   a) Es mejor que me lo expliques *mejor.*
   b) Lo **peor** vino cuando el peor jugador golpeó el balón más rápido y *mejor.*
   c) Mejor es tomar la mejor decisión.
   d) Rueda *mejor* cuanto mejor es la bicicleta.
   e) Parece peor la idea de vestirse *mejor.*
3. Comunes en cuanto al género, en negrita; ambiguos en cuanto al género, en cursiva; epicenos, subrayados.
   a) La **miembro** de la tripulación comprobó la *armazón* del buque.
   b) El **estudiante** compró *azúcar* en la tienda.
   c) La víctima, una persona joven, fue trasladada en camilla.
   d) Las doctoras estudiaban el hábitat del tiburón hembra.
   e) La **psiquiatra** era una buena **profesional**.
4. Concretos, conc; abstractos, abs; individuales, ind; colectivos, col; comunes, com; propios, prop; contables, cont; incontables, inc.
   a) El doctor (conc, ind, com, cont) Martínez (conc, ind, prop, cont) le arregló la dentadura (conc, col, com, cont) con paciencia (abs, ind / col, com, inc).
   b) La flota (conc, col, com, cont) estadounidense recibió el ataque (conc / abs, ind / col, com, cont) japonés en Pearl Harbour (conc, ind / col, prop, cont).
   c) El conflicto (abs, ind / col, com, cont) armado entre la República (conc

/ abs, col, prop, cont) y la Confederación (conc / abs, col, prop, cont) se llamó Guerras Clon (conc / abs, ind / col, prop, cont).

d) El ejército (conc, col, com, cont / inc) napoleónico fue derrotado en Bailén (conc, ind / col, prop, cont) por las tropas (conc, col, com, inc) españolas.

e) El reparto (abs, ind, com, cont) de papeles (abs si significa *roles* y conc si significa *folios*, ind, com, cont) entre el reparto (conc, col, com, cont) de actrices (conc, ind, com, cont) fue complicado.

5. *a*) Los rápidos (**c**alificativo) cambios estructurales (**r**elacional) en las conocidas (c) empresas multinacionales (r) provocaron inesperadas (c) fluctuaciones económicas (r).

b) Amar es parecer furioso, áspero, tierno, liberal, esquivo, mortal, alentado, difunto, vivo, leal, traidor, cobarde y animoso (todos son calificativos).

c) Una publicación científica (r) estadounidense (r) señala que los hermanos menores (r) son más divertidos (c) y los hermanos mayores (r) más inteligentes (c).

d) El histórico (c) pacto entre los enemigos acérrimos (c) cerró una etapa histórica (r o c).

e) El discurso presidencial (r) resultó bastante complejo (c) para los embajadores extranjeros (r) presentes (r).

6. Determinantes en cursiva y pronombres subrayados.

a) Ni *estos* (demos) clavos ni <u>aquellos</u> (demos) serán <u>suficientes</u> (indef).

b) *El* (art) *último* (numeral ordinal o adjetivo) caballo *aquel* (demos) llegó <u>tercero</u> (pronombre numeral ordinal o adjetivo) en *la* (art) *cuarta* (num ord) carrera.

c) No hay argumento *alguno* (indef) que justifique *tanta* (indef) violencia.

d) *Ambos* (num dual) hermanos repitieron *varios* (indef) cursos.

e) ¿*Qué* (interrog) ejercicio y por <u>qué</u> (interrog) os ha resultado más difícil?

f) *El* (art) *primer* (num ord) colegio donde estudió tenía *demasiados* (indef) alumnos.

7. Pronombres, negrita; determinantes, cursiva; adverbios, subrayados.

a) ¿**Qué** dicen sobre <u>cuándo</u> llegarán los paquetes?

b) No sé *qué* equipo juega ni <u>dónde</u>.

c) ¿A **qué** se dedican?

d) ¿Ves <u>qué</u> fácil?

e) Dime **quién** viaja, *qué* vuelo busca y <u>cómo</u> ha realizado la reserva.

8. Indica la categoría de los indefinidos.

a) Bastante (adv) he hecho por ti diciéndote que hacía bastante (det) tiempo que no llegaban bastantes (pron).

b) Demasiada (det) gente pensaba que era demasiado (adv) habitual pensar demasiado (adv).

c) Ninguna (det) excusa justifica de forma alguna (det) tanta (det) violencia.

d) Es muy (adv) fácil acumular muchos (pron) en poco (det) tiempo.

e) Muchas (det) personas coincidían en que no era nada (adv) fácil.

9. Habríamos llegado: 1ª pers, pl, condicional perfecto de indicativo, activo, v. *llegar*.
Decíais: 2ª pers, pl, pretérito imperfecto de indicativo, activo, v. *decir*.
Ven: 2ª pers, sg, imperativo, activo, v. *venir*.
Dínoslo: 2ª pers, sg, imperativo, activo, v. *decir*. *Nos* y *lo* son pronombres.
Diciéndoselo: gerundio simple, v. *decir*. *Se* y *lo* son pronombres.
Haber roto: infinitivo perfecto, v. *romper*.
Anduviéramos: 1ª pers, pl, pretérito imperfecto de subjuntivo, activo, v. *andar*.
Pintaron: 3ª pers, pl, pretérito perfecto simple de indicativo, activo, v. *pintar*.
Regimos: 1ª pers, pl, presente o pretérito perfecto simple de indicativo, activo, v. *regir*.
Auxiliaba: 1ª o 3 pers, sg, pretérito imperfecto de indicativo, activo, v. *auxiliar*.
Hubieran acudido: 3ª pers, pl, pretérito pluscuamperfecto de subjuntivo, activo, v. *acudir*.
Lleguemos: 1ª pers, pl, presente de subjuntivo, activo, v. *llegar*.
Habiendo escuchado: gerundio perfecto, activo, v. *escuchar*.
Hube analizado: 1ª pers, sg, pretérito anterior de indicativo, activo, v. *analizar*.
Hubieran proscrito: 3ª pers, pl, pret. pluscuamperfecto de subjuntivo, activo, v. *proscribir*.

10. Preposiciones en negrita, conjunciones en cursiva y adverbios subrayados: **Desde** años atrás ningún viajero llegaba **en** el autobús **de** línea **sin** *que* los vecinos se acercaran a escudriñarlo cuidadosamente, *puesto que* apenas nadie se acercaba **a** aquel pueblo **de** la frontera **con** Portugal, *y, como ni* la carretera *ni* el camino parecían practicables *salvo* **para** burros *y* bueyes, un visitante se convertía *rápidamente* **en** noticia **para** los habitantes **de** tan desolados parajes.

11. *a*) Me aburro solo los martes. Si significa que me aburro estando sin compañía los martes es adjetivo. Si significa que el único día que me aburro es el martes es adverbio.
b) Solo tú lo comprendes. Significa que tú eres el único que lo comprendes y es adverbio.
c) Tú solo lo hiciste. Si significa que lo hiciste sin ayuda de nadie es adjetivo. Si significa que te limitaste a hacerlo (pero, por ejemplo, no lo planeaste) es adverbio.
d) Dime un solo motivo. Significa que el motivo es único: es adjetivo.
e) Llegó solo un marinero. Si significa que el marinero llegó sin compañía es un adjetivo. Si significa que nada más que llegó un marinero es adverbio.

12. ***Modo:*** Habitualmente, blandamente, así, fielmente, bien, ciertamente, mal, peor
Lugar: Allí, detrás, cerca, atrás, encima
Tiempo: Ayer, jamás, mañana, nunca, pronto, antes, después, todavía

Cantidad: Bastante, menos, muy, apenas, poco, demasiado, casi, solamente

Afirmación: También, sí, ciertamente

Negación: No, jamás, nunca, tampoco

Duda: Quizás

Frecuencia: Habitualmente

13. El primer *hasta* es una preposición que indica término o límite. Sin embargo el segundo es un adverbio, porque equivale a *incluso.*
14. La primera forma consta de un condicional y una negación: son dos palabras diferentes y no pueden ir juntas. Lo probamos quitando la negación (*Si me lo hubieras dicho…*). El segundo es un nombre, como comprobamos al ver el determinante *su* que lo acompaña: es una sola palabra. El tercero es una conjunción adversativa: una sola palabra, por tanto.
15. La primera forma es un pronombre interrogativo (por eso lleva tilde) precedido por la preposición *por* (luego son dos palabras). El segundo es una sola palabra, un nombre, como comprobamos por el artículo que le precede. Puesto que es aguda y termina en vocal ha de llevar tilde. En el tercer caso, aunque tengamos los signos de interrogación, *porque* no está preguntando, sino introduciendo una adverbial causal. Es una conjunción y debe escribirse en una sola palabra y sin tilde. En el cuarto caso la preposición *por* viene exigida por el verbo *apostar,* y es una palabra diferente de la conjunción *que,* de modo que deben escribirse separadas y sin tilde.

Si, en lugar de *conseguirías,* tuviéramos una forma en subjuntivo, admitiríamos *porque nunca lo consiguiera* y *por que nunca lo consiguiera.*

16. *a*) Determinante y adjetivo.
    b) Determinante y nombre.

8.2 *Perífrasis y locuciones*

1. No es preciso que las palabras sustitutas sean sinónimos absolutos: basta con que funcionen del mismo modo.
   a) Adverbiales: *resumidamente, rápidamente.*
   b) Adverbial y verbal: *quizás, hablar.*
   c) Adverbial y prepos.: *mentalmente, por.*
   d) Interjectiva y nominal: *caray* e *inocentón.*
2. *a*) *Por supuesto* (adverbial), *en contra de* (preposicional) la opinión de los demás, se casó con su *media naranja* (nominal).
   b) La negociación fue un *toma y daca* (nominal) pero, *por fortuna* (adverbial), no nos *tomaron el pelo* (verbal).
   c) *A falta de* (preposicional) un verdadero culpable, te tomaron como *cabeza de turco* (nominal) para no reconocer que *habían metido la pata* (verbal).
   d) *A pesar de* (preposicional) sus gritos, *hicieron oídos sordos* (verbal), *es decir* (conjuntiva), *se hicieron los suecos* (verbal).
   e) *A medida que* (conjuntiva) se sonrojaba comprendimos que hablaba *en serio* (adverbial).
   f) Entró *en plancha* (adverbial), controló el balón y, *en cuanto* (conjuntiva) disparó *a bocajarro* (adverbial), nos dejó *con el alma en vilo*

Considero *es decir* locución conjuntiva porque sigo explicando en clase las coordinadas explicativas y, por tanto, para mí, es una conjunción. Sin embargo, la NGLE considera que las explicativas son yuxtapuestas, de modo que, según su criterio, se trata de una locución adverbial.

(adjetival).

g) ¡*Ni loco* (adverbial) vuelvo a ir *de abrigo* (adjetival), ni a una fiesta *corriente y moliente* (adjetival), ni a un restaurante *de postín* (adjetival)!

h) *Dio a conocer* (verbal) el nombre del ganador *en vivo y en directo* (adverbial) y *en un santiamén* (adverbial) lo hizo famoso.

i) Sabe *mogollón de* (determinativa) trucos para pirarse *mazo de* (adverbial) deprisa y *quedarse con la peña* (verbal).

j) *Desde luego* (adverbial), nadie *hace migas* (verbal) con un *tonto de las narices* (nominal).

k) *Cada quien* (pronominal) es *cada cual* (pronominal).

l) Era una verdad *como una casa* (adjetival).

m) *Qué de* (determinativa) tiempo pasamos en la *capilla ardiente* (nominal).

3. *a*) En *Lleva tres días quejándose* el sujeto no lleva nada: la oración quiere decir que se queja desde hace días: perífrasis. En *Lleva la chaqueta colgando* el sujeto sí lleva la chaqueta y *colgando* explica cómo: no es perífrasis.

b) En *Vino a firmar el contrato* el sujeto realiza la acción de venir: no es perífrasis. En *Viene a ganar mil euros* el sujeto no realiza la acción de venir. Queremos decir que gana más o menos esa cantidad: perífrasis.

c) En *Paró de fumar* el sujeto no realiza dos acciones: se nos dice que la acción de fumar se terminó: perífrasis. En *Paró para fumar* el sujeto para y fuma: no es perífrasis.

d) En los tres casos el razonamiento es el mismo: si entendemos que Felisa se desplazaba a la vez que pensaba, no hay perífrasis; si entendemos que ese verbo *ir* indica su intención, perífrasis aspectual ingresiva.

e) En *Sigue el camino bordeando la finca* el sujeto realiza la acción de continuar el camino y bordea la finca: no hay perífrasis. En *Sigue esperando, sin decidirse* el sujeto no realiza la acción de seguir nada, sino que se nos dice que la acción de esperar continúa: perífrasis.

f) En *Volvió a su pueblo a demostrar su inocencia* el sujeto realizó la acción de regresar: no hay perífrasis. En *España volvió a clasificarse para el Mundial* España no volvió a ningún sitio, sino que se clasificó de nuevo: perífrasis.

g) En *Lleva entregados tres trabajos* el sujeto no lleva los trabajos, sino que los ha entregado: perífrasis. En *Lleva ceñido el chándal* el sujeto lleva el chándal y *ceñido* nos dice cómo: no hay perífrasis.

h) En *Empezó abriendo la puerta* el sujeto comienza la acción abriendo la puerta. Aunque no se nos dice qué acción comenzó, hay dos acciones y *empezó* es una de ellas: no es perífrasis. En *Empezó a abrir la puerta* solo hay una acción, la de abrir, que se nos muestra en su principio.

i) En *Fueron abandonados en el hospicio* hay una acción, la de abandonar: perífrasis pasiva. En *Estuvieron abandonados en el hospicio dos años* no hay una acción sino un estado. *Abandonados* concreta el estado en el que están: no hay perífrasis, sino cópula y atributo.

4. *a*) Aspectual terminativa.

b) Aspectual ingresiva.
c) Aspectual ingresiva.
d) Aspectual terminativa.
e) Andan apostando (aspectual durativa); siguen negándolo (aspectual durativa).
f) Deseen acceder (no es una perífrasis); deben identificarse (modal de obligación).
g) Solía comprar (aspectual frecuentativa); van a poner (aspectual ingresiva).
h) Modal de cortesía.
i) Modal de posibilidad.
j) Deben de ser (modal de conjetura); están saliendo (aspectual durativa).

5. *a*) El primero no es exactamente un tipo de guardia, de modo que conviene analizar como compuesto sintagmático. En el segundo no tenemos un tipo de cabeza, así que debe ser analizado como compuesto sintagmático.
b) El primero es un tipo de niño y el tercero un tipo de sofá, de modo que admiten ambos análisis. Pero un padre nuestro no es un tipo de padre, así que solo puede ser analizado como compuesto sintagmático.
c) Es forzado considerar que el hombre rana es un tipo de hombre: mejor como compuesto sintagmático. En ojo de buey no hay duda de que no es un tipo de ojo: compuesto sintagmático. El pez espada es un tipo de pez: admitimos ambos análisis.
d) Un mueble bar es un tipo de mueble, así que podemos admitir ambos análisis, pero ni el brazo de gitano es un tipo de brazo ni el perrito caliente un tipo de perro pequeño, de modo que deben ser analizados como compuestos sintagmáticos.

6. *a*) Habían llegado: aspectual perfectiva. Llegado a tener: aspectual terminativa. Tener que quejarse: modal de obligación.
b) Pueden estar: modal de posibilidad. Estar llegando: aspectual durativa. Llegar a ser: aspectual terminativa. Ser vistos: voz pasiva.
c) Han estado: aspectual perfectiva. Estado siendo: aspectual durativa: Siendo invitados: voz pasiva. Invitados a dejarse: no hay perífrasis. Dejarse ver: no hay perífrasis.
d) Va a echarse: aspectual ingresiva. Echarse a reír: aspectual incoativa.
e) Acaba de ser: aspectual terminativa. Ser nombrado: voz pasiva.
f) Estaba a punto de echarme: aspectual ingresiva. Echarme a dormir: no hay perífrasis.
g) Estaban dejando: aspectual durativa. Dejando de fumar: aspectual terminativa.
h) Llegó a ser: aspectual terminativa. Ser conocido: voz pasiva.

7. *a*) El verbo ofrece una idea aspectual durativa, pero la negación y el adverbio *ya* dan a la oración una idea terminativa.
b) El verbo ofrece una idea aspectual perfectiva, pero la negación y el adverbio *todavía* dan a la oración una idea durativa.
c) El verbo ofrece una idea aspectual terminativa, pero la negación da a

la oración una idea durativa.

d) El verbo ofrece una idea aspectual ingresiva, pero la negación da a la oración una idea aspectual durativa (*siguen avanzando*).

8. Además de *Le quedan por fregar tres baños*, también podría escribir *Le quedan sin fregar tres baños, o Le quedan tres baños para fregar* o *Le quedan tres baños que fregar*. Además, los baños le quedan: el verbo no ha perdido su significado. El complemento está predicando cómo quedan los baños: sin fregar. No hay perífrasis.
9. *a*) Hizo saber (loc); iban a recibir (perif).
   b) Dio por descontado (loc); estaban esperando (perif).
   c) Debía de pensar (perif); tendría en cuenta (loc).
   d) Acabaron dando (perif); dando en el clavo (loc).

8.3 Los monemas y su clasificación

1. *a*) Bases suplet: corpor-, cuerpo, corp-.
   b) Bases supletivas: agua, acu-, acua-.
   c) Bases supletivas: ojo, ocul-, oj-.
   d) Bases supletivas: huevo, ov-, ovo-.
   e) Bases supletivas: i-, v-, fu-.
   f) Bases supletivas: frater-, -frad-, fratr-.
   g) Bases supletivas: hierro, herr-, ferr-.
   h) Bases supletivas: sueño, soñ-, somno-.
2. Afijos subrayados y desinencias en cursiva: futbolista, clar*os*, deidad*es*, comedid*as*, aunque, re*íais*, conmov*ería*, adelante, gorila*s*, lob*as*. Las desinencias verbales aparecen subrayadas y en cursiva porque son morfemas flexivos, pero además resultan imprescindibles para que el lexema forme con ellas un verbo.
3. Bonachón, glorificar (sin interfijo), panadero, fealdad, altanero, adormecer, hojarasca, tiempecito, jugarreta, corredera, movedizo, voltereta, campesino, civilizar, comestible, mahometano, pedigüeño, palidecer, boquear, larguirucho, escupitajo, pegajoso, cagalera.
4. *b)* -ción (contención), -ación (frustración), -ición (aparición), -isión (comisión)
   c) -tad (lealtad), -dad (ruindad), -edad (levedad), -idad (realidad)
   d) -ante (farsante), -ente (repelente), -iente (contendiente).
   e) in- (inoperante), im- (impaciente), ir- (irregular), i- (ilegal).
   f) -ado (amado, armado), -ido (absorbido, bebido), -so (convulso, confuso), -to (puesto, suelto), -cho (dicho, hecho).
5. Pensar / pienso, empezar / empiezo, preferir / prefiero, perder / pierdo, sentir / siento, costar / cuesta, devolver / devuelvo, volar / vuelo, volver / vuelvo, consolar / consuelo.
6. Hab-: lex aux; ø: VT; ría: TAM; mos: NP; lleg-: lex princ; -a-: VT; TAM: do; NP: ø.
   Dec-: lex; -í-: VT: -a-: TAM; NP: mos.
   Ven: lex: VT; ø: VT; ø: TAM; ø: NP.
   D-: lex; -i: VT; ø: TAM; ø: NP. *Nos* y *lo* son pronombres.

Dic-: lex; -i: VT; -endo: TAM; ø: NP. *Se* y *lo* son pronombres.
Hab-: lex aux; -e-: VT; -r: TAM; ø: NP; ro-: lex princ; ø: VT; to: TAM; ø: NP.
And-: lex; ø: VT; -uviera- TAM; -mos: NP.
Pint-: lex; -á-: VT; -ro-: TAM; -n.
Reg-: lex; -i-: VT; ø: TAM; -mos: NP.
Auxili-: lex; -a-: VT; -ba-: TAM; ø: NP.
Hub-: lex aux; -i-: VT; -er-: TAM; -an: NP; acud-: lex princ; -i-: VT; -do: TAM; ø: NP.
Llegu-: lex; ø: VT; -e-: TAM; -mos: NP.
Hab-: lex aux; -i-: VT; -endo: TAM; ø: NP; escuch-: lex; -a-: VT; -do: (TAM); ø: NP.
Hub-: lex aux; ø: VT; -e: TAM; ø: NP; analiz-: lex; -a-: VT; -do: TAM; ø: NP.
Hub-: lex aux; -i-: VT; -era-: TAM; n: NP; proscr-: lex; -i-: VT; to: TAM; ø: NP.

7. Fruta: fruto, frutero, frutería, disfrutar, disfrute, afrutado.
   Romper: roto, corromper, corrupto, irrumpir, interrumpir, prorrumpir.
   Correr: recorrer, recurrir, recurso, transcurrir, ocurrir, discurrir, acorrer.
   Traer: contraer, distraer, retraer, contrato, tractor, tracción, contracción.
   Huevo: huevería, oval, ovario, ovalado, ahuevado, huevina, ovoide.
8. Fonar, fónico, fonio, fonación, fonador, fonatorio.
9. Casar, casadero, casamiento, casamentero, casero, caserío, casona, caserón, casal, casita, casilla, caseta, casillero, casino, casamata, descasar.

8.4 Formación de palabras: derivación

1. Llamamos base opaca a aquella que el hablante común no puede identificar. El lexema común a esas palabras es -stru-: viene de la base latina *struere*, que significa *juntar* o *amontonar*. Los prefijos son ins-, des-, con-, ob-. Se construye sobre la misma base y no presenta prefijo *estructura*.
2. Su base opaca es civ-, supletiva de ciu-. El hablante común piensa que la base más simple que da la lengua es *civil*. Sin embargo, en *civil* vemos el sufijo -il, que aparece en *febril, infantil, ratonil* o *textil* (recurrencia). Además, podemos sustituirlo por un sufijo en *cívico* (sustitución). Sobre civ- construimos *civil, cívico, civilizar, civilización, incivil*. La base supletiva ciu- también es productiva: *ciudad, ciudadano, ciudadanía*.
3. Primero la patrimonial y después el cultismo. Abeja, apicultura; mucho, multitud; palabra, parábola; fustigar, hostigar; hirviente, ferviente; hijo, filial; leche, lácteo; viejo, veterano; derecho, directo; hoja, follaje; llave, clave.
4. *Pélvico, autoinmune, inecuación, manipulable* o *viceministro* son correctas porque, aunque no figuran en el diccionario (aún), se han formado siguiendo adecuadamente los criterios que nos permiten crear nuevas palabras. La RAE nos ofrece unas listas de palabras (corpus), el CREA y el CORDE, donde podemos comprobar qué vocablos se usan más: *pélvico* tiene mucho más uso en todo tipo de documentos que *pelviano*. *Autoinmune* e *inecuación* son tecnicismos que se emplean fundamentalmente en medicina y matemáticas, aunque el primero se haya popularizado.

Viceministro y *manipulable* son palabras que se han formado añadiendo un prefijo y un sufijo, respectivamente, muy productivos, capaces de generar palabras nuevas que no tiene por qué recoger el diccionario.
Prepago es un neologismo que han popularizado sobre todo las compañías telefónicas, por una mala traducción de *prepaid*, y que no se adapta bien a nuestra lengua. Sería mejor *tarjetas prepagadas*, pero posiblemente se acabará imponiendo *tarjetas prepago* porque el término se ha generalizado muy deprisa gracias a la publicidad.
**Alante* es una palabra incorrecta. El hablante tiene *detrás* y *atrás* y, por analogía, usa a veces *delante* y **alante*, cuya forma correcta es *adelante*.

5. Aquí tienes algunas: *vicerrectorado, madridista, rojiblanco, fosfolípido, desestructurado.*
6. Denominales, dn; deadjetivales, da; deverbales, dv: kilometraje (dn), crueldad (da), helada (dv), lodazal (dn), regadera (dv), delgadez (da), codazo (dn), panadería (dn), valentía (da), lavadora (dv), locura (da), atadura (dv), frescor (da), salida (dv), futbolista (dn).
7. Desalmado, par (desalmar) y suf; prevenir, pref; inmoral, pref; quejido, suf; juvenil, suf; extrafino, pref; compadre, pref; engañoso, suf; valor, suf; atontar, par; felicidad, suf; aniñar, par; infrarrojo, pref (o composición, si consideramos infra- elemento compositivo).
8. Acción y efecto: entretenimiento, putrefacción, embalaje. Cualidad: prudencia, tozudez, bellaquería. Agente: emprendedor, torturador, agrimensor. Instrumento: aguja, hilo, bobina. Lugar: cestería, matadero, relojería.
9. Placaje, desdoblamiento, cabezada, raspadura, arañazo, repartición, importancia, resistencia.
10. Fanatismo, habilidad, picardía, chulería, contumacia, clemencia, testarudez, molicie, galanura, candor, senectud, desenfado.
11. Denominales: cenital, fabuloso, ilerdense; deverbales: transpirable, recaudatorio, demoledor; deadjetivales: rarísimo, pulquérrimo, guapito.
12. Rápido, cal; policial, rel; amable, cal; generoso, cal; hepático, rel; solar, rel; porcino, rel; legal, rel; feliz, cal; interesante, cal; testarudo, cal; católico, rel; neoliberal, rel; revolucionario, rel.
13. En *Tuvo un problema amoroso* es relacional. En *Las amorosas avecillas se arrullaban* es calificativo. En *El negocio familiar quebró* es relacional, en *Me resulta muy familiar* es calificativo.
14. Afgano, complutense o alcalaíno, moscovita, bonaerense o porteño, fluminense, carioca, vallisoletano o pucelano, pacense o badajoceño o badajocense, calagurritano o calahorrano o calahorreño, emeritense (Mérida, España) o meridano (Mérida, Méjico) o merideño (Mérida, Venezuela), gaditano, andujareño o iliturgitano.
15. *a*) Casucha: despectivo. Miguelito: diminutivo con valor afectivo; expresa cariño.
    b) Despacito: diminutivo. Sirve para mostrar educación o suavizar la tensión.
    c) Euritos: diminutivo. Expresa valor afectivo hacia la moneda e intenta conmover.

d) Morenita: diminutivo. Valor afectivo. Expresa cariño.
e) Gatito: diminutivo. Puede referirse al tamaño del animal, a la edad, añadir un matiz de cariño o infantilizar la lengua para aproximarse a la sensibilidad infantil (supuestamente).

16. Antediluviano, antecedente, circunscribir, circunflejo, endocéntrico, endocitosis, entrecortado, entreabrir, exotérmico, exodermis, extrauterino, extrasensorial, infraocupado, infrahumano, intercultural, interracial, intracraneal, intraocular, perinatal, peristilo, renacer, reescribir, retrotraer, retrógrado, sobreponerse, sobreexposición, subcultura, subterráneo, superestructura, superhombre, supraespinoso, supramental, trasladar, trascender, anormal, alegal, destrozar, desguarnecer, disponer, dislocar.
17. Ad-: prefijo; dirección, contacto. Anarco-: elemento compositivo; acortamiento de anarquismo. Angio-: elemento compositivo; vasos sanguíneos o linfáticos. Arqueo-: elemento compositivo; antiguo. Contra-: prefijo; contrario. Cromo-: elemento compositivo; color. Des-: prefijo; negación, inversión del significado, privación, exceso, fuera de. Dermo-: elemento compositivo; piel. Equi-: elemento compositivo; igual. Pre-: prefijo; antes. Re-: prefijo; repetición, movimiento hacia atrás, intensificación, resistencia. Sub-: prefijo; debajo. Trans-: prefijo; al otro lado, a través de. Ultra-: prefijo (o elemento compositivo, según el DRAE).
18. El DRAE considera que hipo- es un elemento compositivo y sub- un prefijo, por lo que *hipotérmico* es compuesta y *subacuáticos* derivada. Hay un acuerdo generalizado en considerar a sub- prefijo, pero hipo- suscita debate, así que podría entenderse que *hipotérmico* es derivada.

8.5 Formación de palabras: composición

1. Guarda y bosque; peste y cida (culta); boca y calle; cardio (culta) y vaso; neo (culta) y logo (culta); morfo (culta) y sintaxis; oxígeno y terapia; agro (culta) y cultura; vitro y cerámica (es difícil llegar a la base culta *ceramos*, que significa *arcilla*); ciber (culta) y campo.
2. *Hidro* puede ser considerado lexema por dos razones: puede formar palabras con otra base culta sin ningún otro componente (*hidrólogo*) y puede usarse como base para formar palabras, añadiendo un afijo (*hídrico*). Puede considerarse prefijo por su capacidad para usarse con una base española ya existente (*hidrocompresión*) y porque puede alternarse con otros prefijos (*precompresión, postcompresión*). Dado su significado léxico, parece más razonable considerarlo elemento compositivo.
3. En *socioeconómico* tenemos primero una derivación (*economía* > *económico*) y después una composición (*socio* + *económico*). En *hojalatero* primero hay composición (*hoja* + *lata*) y luego derivación (*hojalata* > *hojalatero*). En *italo-germánico* primero hay derivación (*germano* > *germánico*) y luego composición (*italo* + *germánico*). En *democráticamente* primero hay composición (*demo* + *cracia*) y luego dos procesos derivativos (*democracia* > *democrática* > *democráticamente*).
4. *Pseudo* significa falso y *logía* estudio o ciencia, así que sería esperable que

pseudología designara el estudio sobre lo falso: sin embargo es un trastorno mental por el que el enfermo se cree los sucesos más fantasiosos. *Gastro* significa estómago y *estoma* agujero, así que una gastrostomía es una operación en la que se hace un agujero en el abdomen para colocar una sonda de alimentación en el estómago. *Xeno* significa extranjero y *fobia* odio: la xenofobia es el odio a lo extranjero. *Rino* significa nariz y *plastia* reconstrucción, así que una rinoplastia es una operación quirúrgica por la que se reconstruye la nariz. *Leuco* significa blanco y sirve también como acortamiento de leucocito, y *penia* significa pobreza: la leucopenia es un trastorno que se presenta cuando el paciente tiene menos leucocitos de lo debido. *Quiro* significa mano y *mancia* adivinación: la quiromancia es la adivinación del porvenir leyendo las manos. *Tanato* significa muerte y *estética* es la disciplina que estudia la belleza: se llama tanatoestética a la práctica profesional que se ocupa de preparar a los difuntos para disimular en ellos las huellas de la muerte. *Oligo* significa poco y *cracia* poder: en la oligocracia unos pocos asumen el gobierno y el poder. *Oligo* significa poco y *fren* inteligencia. El oligofrénico presenta una deficiencia mental marcada por su escasa inteligencia. *Helico* significa espiral y *ptero* ala. Un helicóptero podría ser un bicho con alas en forma de espiral, pero llamamos así al aparato propulsado a los aires por unas enormes aspas que giran formando espirales.

5. ***Paciente*** viene de la base latina *pati*, que significa *sufrir*. El paciente es quien sufre.

   Necrosis viene de *necro*, que significa *muerte*, y de -osis, que en medicina es un proceso patológico; de modo que la necrosis es la muerte de las células de un tejido.

   Holo significa *todo*; -ismo es un sufijo que sirve para crear palabras que muestren tendencias de una línea doctrinal: *holismo* es, según el DRAE, la "doctrina que propugna la concepción de cada realidad como un todo distinto de la suma de las partes que lo componen".

   Cripto significa *oculto*; le añadimos un sufijo que sirve para hacer adjetivos: eso basta para comprender que lo críptico está envuelto en el secreto.

   Andro significa *varón* y el sufijo -oide sirve para indicar que se parece a algo. Un androide es un robot que se parece a un varón humano. Puesto que también hay robots con forma femenina, parecería más adecuado que usáramos el término *antropoide*: el problema es que esa palabra ya se usaba tiempo atrás para designar a los monos similares al ser humano.

   Pan es una base griega que significa *todo* y *Gea* es el nombre de la Tierra, así que se llamó *Pangea* a la gran masa sólida que formaban todos los continentes hasta que se separaron.

   Hiper significa *en exceso*, o *en un grado superior al normal*, y *trofia* significa *nutrición*. Decimos que un órgano o un tejido está hipertrofiado cuando ha crecido en exceso.

6. Todas estas palabras proceden de una base griega *cian* que significa *azul verdoso*. El cianuro es una sal del ácido cianhídrico muy tóxica, cuya base

es el cianógeno, un gas que puede dejarnos cianóticos, es decir, con la piel azul. La cianita es un mineral de color azul y el aciano es una planta de espectacular color azul.

7. Respuesta personal.
8. Las ternillas son esos cartílagos que nos impiden masticar bien un filete. Cuando digo que me desternillo quiero decir que, de tanto reír, se me rompen las ternillas. Pero muchos hablantes no conocen el término y lo que creen es que, de las carcajadas, se les van a caer los tornillos.
   Las medidas surten efecto o no, pero el verbo *surtir*, que significa *abastecer*, significaba antes *surgir*, en el sentido de salir el agua hacia arriba. Posiblemente el parecido en significado y sonido ha hecho que estos verbos se crucen. Se dice *La medida surtió efecto.*

8.6 Otros procedimientos de formación de palabras

1. *b)* a + adverbio + ar: alejar
   c) a + nombre + ar: abotonar
   d) a + nombre + e + ar: apedrear
   e) a + nombre + ec + er: anochecer
   f) a + nombre + iz +ar: atemorizar
   g) en + adjetivo + ar: ensuciar
   h) en + adjetivo + ec + er: entorpecer
   i) en + nombre + ar: encarrilar
   j) en + nombre + e + ar: enseñorear
   k) en + adjetivo + ec + er: empequeñecer
   l) en + nombre + iz + ar: entronizar
   m) des + nombre + ar: desmembrar
   n) re + nombre + ar: reciclar
   ñ) re + adjetivo + ar: refinar
   o) re + adjetivo + ec + er: recrudecer

   Escribe esta lista en tu cuaderno: ya tienes la relación de los morfemas discontinuos más usados para la formación de verbo por parasíntesis.
2. *Menoscabar* es derivada de *menoscabo*, que a su vez es compuesta. Para *misacantano* no existe **misacantar* ni **cantano*, así que, sobre *cantar*, se produce un proceso simultáneo de composición y sufijación, llamado parasíntesis. El mismo proceso tenemos en *cadañero*, que se forma con las bases *cada* y *año* más el sufijo -ero. En *cagaprisas* y *rompecorazones* no tenemos sufijo (-s / es es una desinencia), de modo que se trata de palabras compuestas.
3. Se forma uniendo las palabras ***mo**dulador* y ***dem**odulador*, así que el proceso es similar al de los acrónimos *radar, láser* y *Marisa.*
4. No hay parasíntesis. Sobre las bases *mañana/s* y *fondo/s* se realiza un proceso de composición. No hay dos procesos porque los plurales no se obtienen de los singulares: son la misma palabra.
5. Conadep: **Co**misión **Na**cional sobre la **De**saparición de **P**ersonas. Fundéu: **Fund**ación del **E**spañol **U**rgente. Udyco: **U**nidad de **D**roga **y** **C**rimen **O**rganizado. Todas ellas se han formado juntando las letras que figuran en negrita. Todas son acrónimos. Se escriben con minúsculas salvo la letra inicial porque son nombres propios de más de cuatro letras.
6. Hay muchísimos. Ahí tienes algunos ejemplos: *uci, uvi, vip, Gestapo.*
7. *Telemática* nace de la fusión de *telecomunicación* e *informática.* Es una palabra compuesta que sale de dos bases acortadas, una por apócope y otra por aféresis. Se trata de un acrónimo.

Euríbor es el acrónimo que sale de **Eur**o **Inter**ba**nk** **O**ffered **R**ate.

8. Todas ellas proceden de bases acortadas: anfeta de anfetamina, bibe de biberón, chuche de chuchería, compi de compañero, estéreo de estereofónico, electro de electrocardiograma, finde de fin de semana, fonendo de fonendoscopio, foto de fotografía, hetero de heterosexual, kilo de kilogramo, metro de metropolitano, micro de micrófono, mili de servicio militar, moto de motocicleta, munipa de municipal, peli de película, pelu de peluquería, peque de pequeño, porfi de por favor, presi de presidente y urba de urbanización.
9. Préstamos: p; calcos, c; xenismos, x; formas híbridas, h. Eslogan (p), balompié (c), suéter (p), boicot (p), parking (x), baguette (x), guachimán (h), paparazzi (x), gourmet (x), blog (x), fútbol (p), jazz (x), búnker (p), fin de semana (c), esmoquin (p), paraíso fiscal (c), marketing (x), ping-pong (x), los sin techo (c), sándwich (xenismo, salvo por la tilde, que la convierte en híbrida), escúter (p), espanglish (h), scooter (x), share (x), croissantería (h), kayak (x), amateur (x), cazatalentos (c), efecto invernadero (c), boom (x), camping (x), blanqueo de dinero (c), cuenta atrás (c), footing (híbrida: la palabra no existe en inglés y se ha formado en español imitando los procesos ingleses), running (x), graffiti (x), tifossi (x)
10. Todas ellas nacen de onomatopeyas. *Cuco, cuchichear, urraca, chupar, guarro, bisbiseo.*
11. *a*) Documentos que incluir.
    b) Vuelos nacionales.
    c) Lo decidimos basándonos en el informe.
    d) Han informado de cambios en el gobierno.
    e) Se financiaron por microcréditos.

8.7 *Análisis morfológico*

1. Por recurrencia: aparece en *lav-a-ble, ris-i-ble, identific-a-ble.* La vocal que hemos separado funciona como vocal temática y en español, para el sufijo -ble, esta es siempre *a* o *i.* Sin embargo, *deleble* es un cultismo que procede directamente del latín, lengua en la que sí era posible que estos sufijos se apoyaran en una *e* temática.
2. Advenedizo, arrojadizo, castizo, cobrizo, enamoradizo, enfermizo, olvidadizo, plomizo, rojizo, tornadizo.
   Ambulancia, asonancia, coexistencia, coincidencia, consistencia, consonancia, creencia, dolencia, fragancia, flagrancia, grandilocuencia, importancia, insistencia, intendencia, militancia, comparecencia, pervivencia, tangencia, valencia, vivencia.
3. Invernáculo, divertículo, círculo, receptáculo, tabernáculo, adminículo, carbúnculo, cuadrícula, espiráculo, grupúsculo, habitáculo, ventrículo, mayúscula, minúsculo, montículo, obstáculo, tentáculo, versículo, artículo, cenáculo, cubículo, espéculo, folículo, pináculo, retícula.
4. En ambos casos se ha producido un fenómeno de etimología popular y el hablante ha confundido palabras que le sonaban igual, pero procedían de raíces distintas. *Cerrojo* viene del latín *veruculum*, que tenía que haber dado **verrojo*, pero, como sirve para cerrar, los hablantes relacionaron

etimológicamente ambas palabras, por error, y lo llamaron *cerrojo*. *Sabihondo* debería haberse escrito sin h, porque viene de *sapidibundum*, pero quienes escribían inventaron esa h porque relacionaron la palabra con *hondo*, pensando que significaba *hondo en el saber*. El DRAE prefiere *sabiondo* a *sabihondo*.

5. Todas comparten una base común, que viene del latín *damnum* (*daño*) y en español se manifiesta en las bases supletivas dañ-, demn-, den-.
6. Aunque el hablante pueda asociarlas, en esos pares hay bases distintas. *Inhumar* viene del latín *humum*, que significa *tierra*, así que *inhumar* es *meter en la tierra* o *enterrar*; *ahumar* viene de *fumum* (*humo*) y significa *hacer que algo reciba humo*. El primer *botín* es un diminutivo de *bota*, pero el segundo viene de una palabra occitana, *botin*, que a su vez provenía de una germánica, *bytin* (*presa*).
7. ***Incorporación:***
    Base: corpor, supletiva de cuerpo (nombre).
    Parasíntesis: in- (pref), -corpor- (lex), -ar (suf, des); verbo.
    Derivación: incorpor-, -ación (suf); nombre.

    Radar:
    Base: radar, acrónimo de **Ra**dio **D**etection **a**nd **R**anging.

    Cine:
    Base: cine, acortamiento de cinematógrafo. Simple.
    Bases de *cinematógrafo*: cinemato (culta, por acortamiento de cinemática) y grafo (culta).
    Composición: cinemató- (lex), -grafo (lex); nombre.

    Eurocracia:
    Bases: euro (acortamiento de Europa, nombre), cracia (culta).
    Composición: euro- (lex), -cracia (lex).

    Abultamiento:
    Base: bulto (nombre).
    Parasíntesis: a- (pref), -bult- (lex), -ar (suf, des); verbo.
    Derivación: abult-, -amiento (suf); nombre.

    Prerrománico:
    Base: Roma (nombre).
    Derivación: rom- (lex), -an- (suf), -o (des); adjetivo.
    Derivación: román-, -ic- (suf), -o (des); adjetivo.
    Derivación: pre- (pref), -rromanico; adjetivo.

    Ensilladas:
    Base: silla (nombre).
    Parasíntesis: en- (pref), -sill- (lex), -ar (suf, des); verbo.
    Derivación: ensill-, -ad- (suf), -as (des); adjetivo.

    Sobremesa:
    Bases: sobre (elem compos), mesa (nombre).
    Composición: sobre- (lex), -mesa (lex); nombre.

    Rompecabezas:
    Bases: romper (verbo); cabeza (nombre).
    Composición: rompe- (lex), -cabeza- (lex), -s (des); nombre.

    Reblandecimiento:

Base: blando (adjetivo).
Parasíntesis: re- (pref), -bland- (lex), -ec- (interf), -er (suf); verbo.
Derivación: reblandec-, -imiento (suf); nombre.

Pendrive:
Base: del inglés, pendrive. Xenismo.

Enloquecimiento:
Base: loco (adjetivo).
Parasíntesis: en- (pref), -loqu- (lex)-, -ec- (interf), -er (suf, des); verbo.
Derivación: enloquec-, -imiento (suf); nombre.

Golpetazo:
Base: golpe (nombre).
Derivación: golp- (lex), -et- (interf), -azo (suf); nombre.

Melonares:
Base: melón (nombre).
Derivación: melon- (lex), -ar- (suf), -es (des); nombre.

Licántropo:
Bases cultas: licos, antropos.
Composición: lic- (lex), -ántropo (lex); nombre.

Polinomio:
Bases cultas: poli, nomio.
Composición: poli- (lex), -nomio (lex); nombre.
Históricamente, *polinomio* se construye sobre el acortamiento de *binomio.*

Peneuvista:
Base: siglas PNV.
Derivación: peneuv- (lex, acrónimo de PNV), -ista (suf); nombre o adjetivo.

8. Todas provienen del verbo latino *frango* (*romper*). *Fragor* se refiere a un ruido grande, como el que se produce cuando se rompe algo. Un *naufragio* se produce cuando se quiebra una nave (una nao). Los terrenos *fragosos* están llenos de rocas rotas. Una *fractura* es la acción o el efecto de romperse algo. Algo *refractario* se resiste a la rotura. Sin embargo, *fragancia,* cuya raíz presenta tanto parecido, proviene del latín *fragrare* (oler).
9. Todas vienen del verbo latino *vigo,* que significa *estar lleno de vida o de fuerza. Vigor* es el sustantivo abstracto, la fuerza. *Vigente* es lo que tiene fuerza o validez. *Vigía* es el que tiene fuerza para mantenerse despierto y atento. Con el mismo sentido entendemos las palabras *vigilancia, vigilia* y *vela* (cuando aparece en oraciones como *Pasó la noche en vela*).
10. ***Interventor:***
Base: venir (verbo).
Derivación: inter- (pref), -ven- (lex), -ir (suf, des).
Derivación: interven-, -tor (suf); nombre.

Edulcorado:
Base: dulce (adjetivo).
Derivación: dulz- (lex), -or (suf). Nombre.
Parasíntesis: e- (pref), -dulcor-, -ar (suf); verbo.

Derivación: edulcor-, -ad- (suf), -o (des); adjetivo.

Amargor:

Base: amargo (adjetivo).

Derivación: amarg- (lex), -or (suf); nombre.

La *i* de coliflor no tiene valor morfológico. La añadimos para pronunciar mejor la palabra. En el ejemplo, la incluimos en el primer lexema, pero también podríamos separarla e indicar que es una vocal de valor fonético.

Coliflor:

Base: col (nombre), flor (nombre).

Composición: coli- (lex), -flor (lex).

Desgarrador:

Base: garra (nombre).

Parasíntesis: des- (pref), -garr- (lex), -ar (suf, des); verbo.

Derivación: desgarr-, -ador (suf); adjetivo.

Error:

Base: errar (verbo).

Derivación: err- (lex), -or (suf); nombre.

Si consideramos que *agrimensor* se forma con una variante alomórfica de *medir, mens,* se trataría de una palabra parasintética. Si, por el contrario, consideramos que *mens* es una base culta, entenderemos que *agrimensor* es compuesta.

Agrimensor:

Bases cultas: agro, mens (supletiva de medir, como en *dimensión* o *mensurable*).

Composición: agro- (lex), -mens- (lex), -or (suf); nombre.

Conviene señalar el sufijo -or de la base para que el alumno relacione la palabra con *impávido.*

Pavorosamente:

Base: pavor (nombre).

Derivación: pavor- (lex), -os- (suf), -a (des); adjetivo.

Derivación: pavorosa-, -mente (suf); adverbio.

Espesor:

Base: espeso (adjetivo).

Derivación: espes- (lex), -or (suf); nombre.

Conviene que el alumno identifique la raíz *pres,* sobre la que se coloca un prefijo com- y un sufijo -or / -sor. Sobre esta base construimos presión o presura. Conviene que comprenda que esta raíz presenta la base supletiva -prim-, pren-, prem-: comprimir, prensa, premura, apremio.

Compresor:

Base culta: compresor (nombre). Palabra simple.

11. ***Confuso:***

Base: fu, supletiva de fundir (verbo).

Derivación: con- (suf), -fund- (lex), -ir (suf, des); verbo.

Derivación: confu-, -s- (suf), -o (des); adjetivo.

Dispuestas:

Base: pues, supletiva de pon (poner) o de pus (puse).

Derivación: pues- (lex), -t- (suf), -as (des); adjetivo.

Derivación: dis- (pref), -puestas; adjetivo.

Cubierto:

Base: cubier, supletiva de cubrir.

Derivación: cubier- (lex), -t- (suf), -o (des); adjetivo.

Conviene que el alumno comprenda que esta raíz presenta la base supletiva -prim-, pren-, prem-, pres-: comprimir, prensa, premura, apremio, presión. También conviene que vea su enorme productividad: comprimir, reprimir, exprimir, deprimir, suprimir, oprimir…

Imprimido:

Base: imprimir (verbo).

Derivación: imprim- (lex), -id- (suf), -o (des); adjetivo.

Muerto:

Base: muer, supletiva de morir (verbo).

Derivación: muer- (lex), -t- (suf), -o (des); adjetivo o nombre.

Deshecho:

Base: he-, base supletiva de hacer (verbo).

Derivación: he- (lex), -ch- (suf), -o (des); adjetivo.

Derivación: des- (pref), -hecho; adjetivo.

Conducto:

Base: conducir (verbo).

Derivación: conduc- (lex), -to (suf); nombre.

Interrumpido:

Base: rump-, supletiva de romper (verbo).

Derivación: inter- (pref), -rump- (lex), -ir (suf, des); verbo.

Derivación: interrump-, -id- (suf), -o (des); adjetivo.

Recurso:

Base: curso (nombre).

Derivación: re- (pref), -curso (lex); nombre.

Difusión:

Base: fu, supletiva de fundir (verbo).

Derivación: di- (pref), -fund- (lex), -ir (suf, des); verbo.

Derivación: difu-, -sión (suf).

12. *Casación* viene del verbo latino *casso* (*anular*) y *casamiento* de la palabra *casa*. Ejemplos: *La sala estimó que no debía casar la sentencia; Se refugió en la caseta.*
La primera palabra viene del latín *caudam* (*cola*) y el segundo del griego *kólla* (*pegamento*). Ejemplos: *Se hirió la aleta caudal; Encolé la silla.*
La primera viene del latín *faucem* y la segunda de *falcem*. Ejemplos: *El león abrió las fauces; Los iberos usaban falcatas.*
13. *Puerto* y *portuario* comparten base: *puerto* y *portu* son bases supletivas. Lo mismo ocurre con *huerto* y *hortaliza* (*huerto, hort*), con *delito* y *delictivo* (*delito, delic*), con *oír* y *auditivo* (*oír, audi*) y con *dudar* y *dubitativo* (*dudar, dubit*).

En *conducir* encontramos un prefijo con- muy productivo. Aunque se trate de una base oscura, encontramos -duc- en una gran cantidad de verbos: *conducir, inducir, abducir, introducir, traducir, aducir, reconducir, deducir, producir, educir, seducir.*

Curso es el participio del verbo *curro* (*correr*), de modo que podría separarse la raíz, -cur, del sufijo -so. No es imprescindible porque se trata de una base oscura.

HÉCTOR M. MONACCI
COMPUSO ESTA EDI-
CIÓN DE "MORFOLO-
GÍA PARA MORFÓFO-
BOS" MEDIANTE UN
SISTEMA LUALATEX EN
SEPTIEMBRE DE 2017

13561691R00039

Printed in Germany
by Amazon Distribution
GmbH, Leipzig